我们要
建设怎样的课堂

Classroom Teaching

FLIPPED CLASS MODEL

高 钧 ◎ 主编

中国人民大学出版社
·北京·

编写委员会

主　编：高　钧
副主编：李桂云
编委会：《在线学习》杂志编辑部
　　　　王铁军　潘　超　宫玉玲　苏　群　薛佳怡
　　　　段富刚　刘凤安　陈　浪　李　玲　李元福
　　　　宿建波　左勇强　陈颂军　周　艳　袁　林
　　　　谭　婷　郑霄霞　王　楠　刘致中　陈泽刚
　　　　柯旺花　王建锋　张　建　刘桂宾

序

教育的终极价值是关注人的生活

《我们要建设怎样的课堂》这本书的关注点，落到了教育教学中最为具体的也是最为重要的环节——课堂，不乏来自全国各地学校的具体案例。借此机会我想和大家谈一谈自己的看法：究竟什么是高效的课堂和有效的教学？

高效的课堂就是好的课堂，有效的课就是好课，好课就是使学生变得聪明的课……如此推想，这就产生了一个价值判断的问题。多年来，我们总是被教学的表面形式所困扰："满堂灌"的课不是好课，那么，"满堂问"的课是不是好课？"满堂练"的课是不是好课？"满堂动（学生活动）"的课是不是好课？"满堂学生讨论"的课是不是好课？运用信息技术手段的课是好课，一根粉笔上下来的课是不是好课？学生热热闹闹的课是不是充满了启发？教师娓娓道来的"一言堂"是不是就没有启发？等等。其实，教无定法。

多年来，用教学的形式和方法来评判课堂教学，人们从来就没有达成过统一的认识。如果我们抛开课堂教学的表面形式，从对教育价值元素的考量上来评判课堂教学，也许我们更容易得出评价的标准，形成统一的认识。既然教育价值最终是指向生活，那么我们可以说，对人未来生活有意义的教学就是好的教学，这样的课堂就是好的课堂。所以，高效课堂不是指单位时间完成了多少学习任务，而是要看教师的教学在多大程度上关注了学生的生活，要看教师今天的教学对学生的未来发展在多长的过程中具有意义。

高效的课堂一定是学生喜欢的课堂。

这样的课堂不仅要教知识，教方法，还要关注生活，提升学生的精神境界。教知识、教方法只是对课堂教学的最低要求。教学还要关注学生的生活。只有联系生活的教学才能培养学生对知识的亲切感。学生感兴趣的知识，一定是他或她认为有用的知识。这里所谓的"有用"绝不仅仅是迎合考试的要求，而是学生认为这些知识与他或她的生活密切相关。人类创造知识的最终目的是改善生活，使生活更加美好和更有意义，而不是为了考试。仅仅把学知识与考试挂钩是一种价值迷失，这样的教学很快就会让学生产生厌烦。我们曾做过调查，结果表明，提高分数不是学生产生幸福感的主要原因。所以我们提倡教学不仅关注考试，还要广泛联系与知识有关的生活现象和人类职业活动，要让学生在掌握知识的同时，理解知识的意义与价值。

价值引领而非考试导向的教学，会使学生获得主动发展的不竭动力和热情。我们要培养学生的社会责任感，一个重要的途径就是引导学生关注知识在生活中的用途，了解知识在改变人类生活中的作用，激发学生运用知识来创造和改变世界的欲望和冲动，以此来唤醒学生的社会责任意识。这样产生的社会责任意识具有坚实的基础，而不仅仅是口号。价值引导的教学是潜移默化、润物无声的教育，胜过空洞的说教。

教学要提升学生的境界。北京四中的教育理念是以人育人，共同发展，其中有一句话——以境界提升境界。

有境界的教师不会就事论事，不会就知识讲知识，不会仅仅关注学生的学习成绩。有境界的课堂教学会使学生感到教师超凡脱俗，因而在情感上对教师产生一个从依赖到依恋，再到崇拜的过程，这就是"亲其师"的过程，这样的教师在学生眼中是神圣的，是富有魅力的。这样的教师的课堂会更加有效和高效。"做一名让学生崇拜的老师"，这曾是我们提出的一句口号，是为教师发展树立的一个目标。

北京四中提出做"幸福的四中人"，而幸福的内涵我们认为是"享受工作、取得成功、赢得尊敬、获得发展、家庭和睦、精神丰满、衣食无忧"。教师职业成功与幸福的主要标志就是得到学生的爱戴与崇拜。一节好课展现的不仅是教师的口才和处理教材的技巧，还有教师的思想、情感、精神追求和人格魅力。我们认为后者更为重要。教师的精神境界反映了教师对待生活、社会和世界的态度，反映了教师的职业操守与职业精神，体现了教师对理想与崇高的追求。一个好的课堂，应当是充满正能量的课堂，是赋予了教师的态度、精神、生命与价值观的课堂，是充满了热情、激动、憧憬、情感激荡和心灵互动的课堂，是将精神和人格引向高尚的课堂。

打造高效课堂关键在于教师的教育理念，取决于教师怎样理解教育规律和教育价值。为了创设高效课堂，我们曾提出教师在备课时应当思考的几个问题：

1. 您想到学校的培养目标或学生的发展目标了吗？

2. 怎样使学生快速高效地掌握知识？

3. "以人文教育为基础，以科技教育为特色"，"培养学生善良的人性和科学的理性"，您在课堂上怎样体现人文教育和科学思想教育？

4. 引导学生学会做人，归根结底是使学生学会正确对待生活、正确对待职业、正确对待社会、正确对待人生，因此教师在课堂教学中应当体现生活教育、职业教育、社会教育（公民教育）和生命教育，这才是全面育人。您是怎样理解并实践的？

我们曾在一段时间内就这四个问题和老师们进行过广泛的交流。实事求是地说，教师不会在每一节课上都能全面体现价值体系中的所有元素，我们也坚决反对贴标签式的生硬虚假的课堂说教。我们提倡教师要根据教学内容，联系和体现价值体系中的某些元素。教师在一节课上体现什么教育价值元素，这取决于教师对教学内容的理解，取决于教师对价值体系内容的把握，取决于教师的生活经验、人生感悟、文化修养和精神境界。归根到底，取决于教师对教育规律和人的发展规律的深刻理解，取决于教师对人的生活尤其是精神生活的关注。这样的教育才是润物无声、不留痕迹的教育。

北京四中的教育前辈张子锷先生曾说："上好每一节课，教会每一个学生。"前不久，著名教育家、北京四中校友陶西平在母校做报告，他把四中的教育传统总结成了三句话：为时代而教，为人生而教，为不教而教。这些是每个教育工作者需要付出毕生精力去追求的境界和目标。我们愿意和各位同行一起努力。

北京四中校长、全国政协常委、民盟中央常委
中国教育学会高中教育专业委员会理事长　　刘长铭

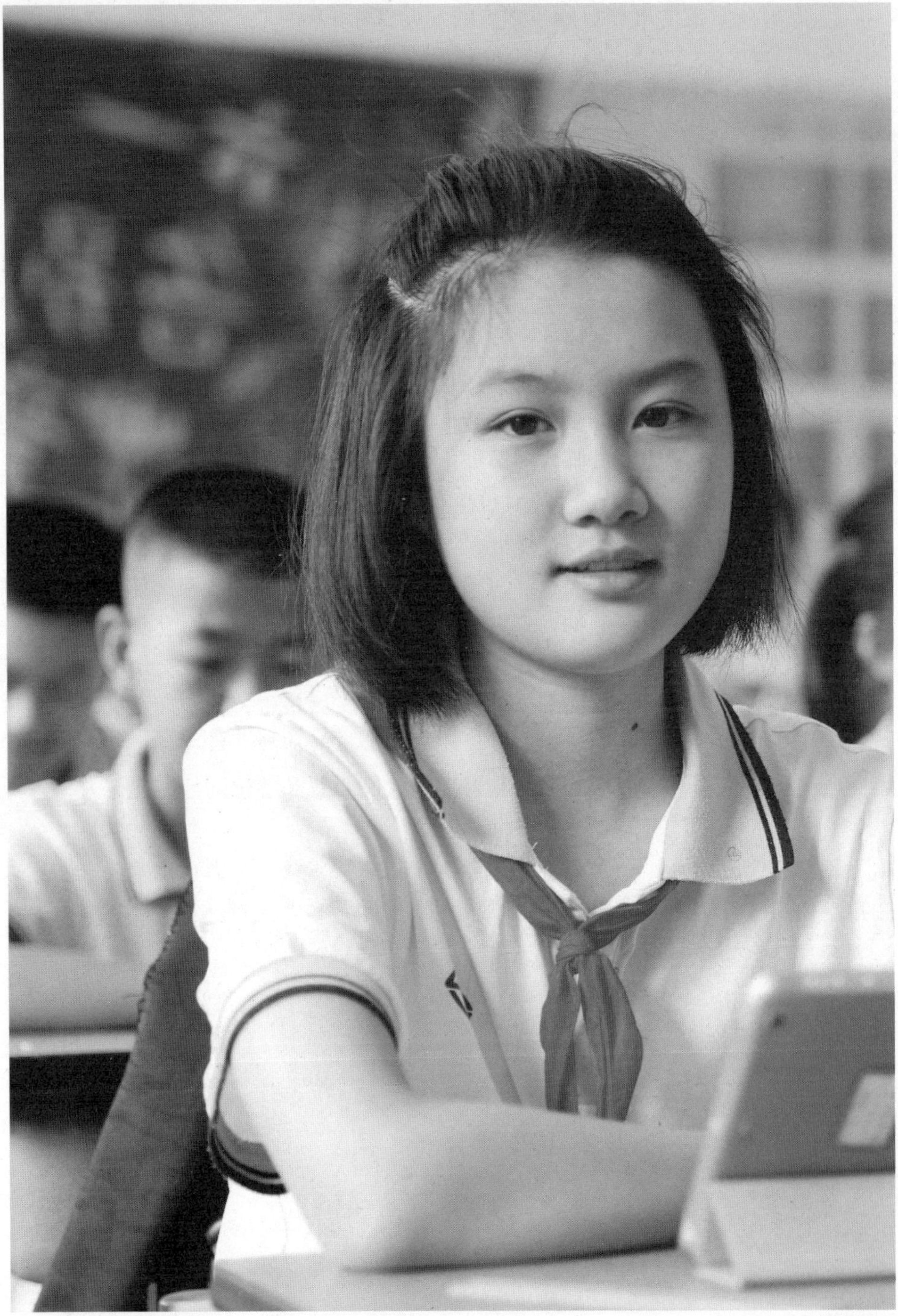

特别鸣谢（排名不分先后）

北京市第五十六中学
成都市龙泉一中
成都市新都区第二中学
成都市大弯中学
成都市人民北路中学
长沙市明德华兴中学
朝阳市第四高中
大连市第十四中学
大连市红旗高中
赣州市厚德外国语学校
库尔勒市第三中学
洛阳市实验中学
洛阳市第五十九中
洛阳市河洛中学
洛阳市新安县产业集聚区实验学校
柳州市第八中学
庆阳市第二中学
沈阳市南昌中学
天津市滨海新区汉沽三中
天津市大港第二中学
武汉市楚才中学
湘潭市凤凰实验中学
湘潭市益智中学
湘潭市湘钢第二中学
徐州市第十三中学
厦门市松柏中学
靖边县第四中学
烟台市第十三中学
烟台市第十一中学
烟台市第十四中学
中卫市第四中学

目 录

第一章	引入	1
	传统课堂的现状	2
	我们需要什么样的课堂	3
	学生喜爱的课堂什么样	6
	数字原住民、信息技术与传统课堂变革	9
	我们怎样培养需要的人才	12
第二章	在线教育的发展史	15
	中小学在线教育在全球的发展现状	16
	中国中小学在线教育发展历程	19
	寻求信息技术与课堂教学深度融合	22
第三章	案例	27
	综合案例	28
	北京市第五十六中学：与翻转课堂共成长	28
	成都人北中学：我与翻转课堂的缘分	39
	教师教育观念改变案例	48
	洛阳市河洛中学：新型师生关系在翻转课堂中应运而生	49
	烟台十四中：新教改　新气象	55

烟台十一中：在翻转课堂和传统课堂之间"穿越" …………… 60

教师教学模式改变案例 ………………………………… 66
新疆库尔勒三中：被新模式"盘活"的老师与课堂 ………… 66
烟台十三中：翻转模式提高课堂针对性 …………………… 72
北京四中网校天津分校：让课堂洒满阳光 ………………… 75

教师课堂改变学校案例 …………………………………… 83
洛阳五十九中：脱困之后再腾飞 …………………………… 83
楚才中学：追求"本土化"翻转教学模式 …………………… 91
大连红旗高中的秘密 ………………………………………… 100

学生学习兴趣提升案例 …………………………………… 108
靖边四中：新型学习模式帮助学生重拾自信笑容 ………… 109
成都龙泉一中：翻转课堂，地理学习的"新大陆" ………… 113
厦门松柏中学、双十中学海沧附属学校：智慧课堂，突破学习
困境的"钥匙" ……………………………………………… 118

学生学习态度变化案例 …………………………………… 124
洛阳市新安县产业集聚区实验学校：翻转课堂给后进生更多呵护 … 125
天津市滨海新区汉沽三中：学生在校学三年　未来管用一辈子 … 130
洛阳市实验中学：新模式让"闷油瓶"变成"话匣子" …… 133

学生自主学习能力提高案例 ……………………………… 139
徐州十三中李圣雪："正宗"翻转课堂的魅力 ……………… 140

第四章　跨越时空的对话 ………………………………… 144
北京四中的"双课堂"读写实践 …………………………… 145
在线教学平台的多样便捷应用 ……………………………… 153

后记 …………………………………………………………… 158

第一章 引入

传统课堂的现状

我国独特的文化传统与社会制度环境，造就了我国中小学教育主流的理念方法和课堂形态。在信息化、全球化的社会发展形势下，传统中小学课堂的优点和缺点都同样突出。

聪明、勤奋、基础扎实，是中国学生的标签。不可否认，这是应当继承与发扬的优良传统，同样也是中国学生的重要竞争力所在。这一传统的形成，源于我国传统教育历来十分重视基础知识的传授和基本技能的训练。就这一点而言，作为中国学生重要成长环境的传统课堂功不可没。

而另一方面，对于传统教育的问题，长期以来相关论述更是车载斗量。社会各界对中国教育的失望，不仅集中于大学教育，同样指向传统中小学课堂。信息化、市场化、全球化是当今社会发展的主题和趋势，在此潮流背景下，多年"应试教育"指挥棒的负面影响日益凸显，传统课堂越来越呈现出教学内容枯燥、教学形式单一、评价标准单调、缺乏互动氛围、学生学习兴趣难以激发、教学效率不高、师生关系僵硬、学生发展不够全面等缺点。

国家"素质教育"的口号喊了很多年，虽然确实有一部分思想解放、理念先进、手段灵活的优质中小学开展得如火如荼，并取得了一定成绩，但就全国整体而言，成效并不十分显著。原因在于，教师与学生的时间和精力是有限的，升学考试要求与素质教育导向之间不可避免地存在矛盾，而有能力依靠自己的模式创新、很好地解决这一矛盾的学校毕竟是少数，绝大多数中小学都缺少彻底革新传统课堂的动力、资源与能力。

其实，客观地说，很长一段时间以来，应试教育主导、教师控制的传统中小学课堂形态，恰恰是在我国复杂国情下保证相当程度教育公平的重要手段。而绝大多数中小学都将升学考试作为主要的教学任务，对于它们来说，在激烈的升学竞争下，有限的时间、资源和人财物力实在容不下多少"主题以外"的内容。

或者换一个角度说，缺少一种确实可操作、易复制、资源丰富，而且能够同时满足升学考试和素质教育要求的新型课堂教学模式，供广大中小学借鉴移植。这是我国传统中小学课堂长期以来所面临的主要现实困境。

我们需要什么样的课堂[1]

设立教师节的时候，我还是个年轻教师。那时我们主要是按照凯洛夫的"五步教学法"授课。从夸美纽斯的班级授课制到凯洛夫的"五步教学法"，再加之严格按照教学大纲、课程标准或考试说明进行教学，学校教育呈现出典型的工业化生产模式。

在那时，课堂主要是教师的课堂，而非学生的课堂；教学主要是教师教的过程，而非学生学的过程。当然，我这样讲也许有些绝对。我不是要否认课程标准和考试说明，相反，我们要认真学习和领会这些文件，因为这些文件是教学质量的标准，我们要用它来检验我们工作的质量。

这些年来，我听了上千节课。我从大家的课堂上吸取了许多营养，把这些营养提取出来，像制药一样，就形成了今天北京四中的教育价值体系。价值体系中的一些元素是课程标准和考试说明中没有的，但却是青少年成长所必需的。

这些年来，我阅读了许多有关课堂评价的文章，也分析过许多课堂评价的指标体系和量表。不论拿着哪一张量表来听课，我都觉得很难按照量表上的指标给课逐项打分。没有一堂课能与量表上的指标完全对应。

一、好课的标准不是唯一的

教师讲的少的课是好课，讲的多的课是不是好课？学生练的多的课是好课，练的少的课是不是好课？课堂提问多的课是好课，提问少的课是不是好课？有讨论的课是好课，没有讨论的课是不是好课？没有简单的答案。

但课堂教学的确是可以评价的。既然可以评价，就一定有标准。我想，也许评价标准应当是原则性的，而不必过于具体、细化和量化。半个世纪以前，俞汝霖先生提出的"北京四中十大教学原则"就是很好的课堂评价标准。

---

[1] 此部分内容由北京四中校长刘长铭撰写。

二、好课是有共性的

北京四中每年都组织学生评教,还把一些学生的评教作文印给大家,而且尽量每个老师都选出一篇。凭听课印象,我能感觉出评教得分高的老师的讲课的确有一些共性。如果你把学生写这些老师的作文拿来读读,就能看出一些端倪。

简单地说,学生心目中的好老师是全面关心他们成长的老师。除知识和方法外,学生从这些老师那里还能学到生活的智慧、人生态度和人生哲学,感受到人格的魅力。还有不少学生的评教作文描写了师生相处的生活细节。

不要小看这些细节,学生一定是从中受益,才会留存在记忆中,写到作文里。这些细节可能会影响他或她的一生。所以我认为,学校教育就是师生相处的一段生活,教育就存在于生活细节之中。

从听课和评教中总结好课的共性,我将其概括为"四有":有知识、有方法、有生活、有境界。有知识、有方法的课就算是好课了;如果有生活,那就更好了;如果讲课能上升到精神层面,那就更不一般了。不要认为这遥不可及。

1. 有知识

对于一个课堂来说,知识不是讲的越多就越好,要讲的精准、精炼、精彩。少则得,多则惑。怎样把握好这个度,取决于你对规律的把握和对学生的了解,知道学生的困惑在哪里。

讲课不是对知识的简单陈述,不是课本搬家,更不是讲标准答案。这样的课学生不欢迎,这样的教师也没有存在的价值。有知识还不是好课的唯一指标,能不断激发学生的兴趣和热情,才是好课的重要特征。

2. 有方法

北京四中教师不缺少让学生得高分的绝招,教点儿绝招学生会很佩服你。但重要的是,要让学生自己悟出方法。思想是比方法更高一层的东西,是道,而非术。

方法是解决具体问题的,可以说思想是可以移植应用到其他领域、触类旁通的方法,是认识和解决问题的普遍的方法。让学生自己悟出方法和思想是教育者更高超的技艺。这与教师的学养有关,与教师对知识理解的深度、广度和高度有关。

我建议教师尤其是理科教师要读一些哲学书籍,尤其是西方哲学的经典著作。

3. 有生活

人类创造知识的目的是改善生活，使生活更加美好和有意义，而不是为了考试和个人发展。仅仅把学知识与考试挂钩是一种价值迷失。所以我们在讲课时，除了要关注考试外，还要广泛联系与知识有关的生活现象和人类职业活动，要让学生在掌握知识的同时，理解知识的意义与价值。

我不赞成教师总把考试重点挂在嘴边，尤其是在非毕业年级，这样会使学生学习倒胃口，这样的教学是不成功的。价值引领而非考试导向的知识教育，会使学生获得主动发展的不竭动力和热情。

我们要培养学生的社会责任感，引导学生关注知识在生活中的用途，了解知识在改变人类生活中的作用，激发学生运用知识来创造，并产生改变世界的欲望和冲动，有助于培养学生的社会责任意识。这种价值引导的教学是潜移默化、润物无声的教育，胜过空洞的说教。

4. 有境界

北京四中的教育理念是以人育人，共同发展，其中有一句话，以境界提升境界。一节好课展现的不仅是教师的口才和处理教材的技巧，还有教师的思想、情感、精神追求和人格魅力。我认为后者更为重要。

几天前我听一节起始课。教师在自我介绍时谈到自己爱读书、爱自由、爱校园、爱上课、爱山水、爱旅游……不爱成为焦点、不爱每三年的离别，等等。他的自我介绍几次被学生的掌声打断。我感到学生的掌声是发自内心地对老师的敬佩。

境界反映了教育者对待生活、社会和世界的态度，反映了教育者的职业操守和职业精神，体现了教育者对理想与崇高的追求。一个好的课堂，应当是充满正能量的课堂，是赋予了教育者的态度、精神、生命与价值观的课堂，是充满了热情、激动、憧憬、情感激荡和心灵互动的课堂，是将精神和人格引向高尚的课堂。

我希望我们能拥有更多这样的课堂。

学生喜爱的课堂什么样

对于绝大多数学生来说，学习从来不是一件轻松随意的事，它必然伴随着大量脑力劳动，是会疲劳的，有时甚至是痛苦的。

但与此同时，通过模式、形式、方法、手段、工具等的创新，我们仍然可以创造出更受学生欢迎的课堂。这种创新其实是时代发展的要求和自然结果，是新时代学生的客观需求，是不可逆转的趋势。

一、学生喜爱的课堂到底什么样

根据各种调研结果和实践感受，我们可知，受学生欢迎的课堂，至少有以下几个特征：

师生互动，尊重学生、鼓励学生，而非传统的"满堂灌"。

形象生动，而非满堂都是干巴巴的抽象概念和讲解。

轻松有趣，而非从头到尾正襟危坐、高度紧张、大气不敢出。

注重过程，而非只关心学习、考试的结果。

自我体现，发现自我，超越自我，体现自己存在的价值。

虽然仍然存在教师绝对控制的传统课堂，但我们确实越来越关注学生的感受了，很多教师或许还未曾意识到这一点。

二、正在改变的学生

新时代的学生身上正在发生各种前所未有的变化。现代课堂的构建，绝对不可忽视这些变化：

学生自主意识增强，自我意识增强，不再像过去那样老师说什么就是什么。

学生自我表现的意识增强，表现欲增强。

学生更加自信，无论自己真实水平如何，自我感觉都很好。

学生的知识面更广，他们能从电视、网络等信息渠道获得大量的知识，不像他们的先辈，基本只能从课堂传授和书本阅读当中获得知识。

获取信息渠道的多源等原因，让学生自控力和意志力都在下降。上课讲话的多、睡觉的多、玩手机的多、看小说杂志的多。

……

三、现代课堂的任务

1. 需要激发学生主动探究的愿望

现代心理学研究表明，任何知识都不是靠灌输而获得的，而是学习者在一定的情景中，借助必要的信息资源主动建构的。于是，构造怎样的教学情境，设计怎样的教学活动，提供怎样的资源环境，以更好地激发学生主动探究的欲望，就成为现代课堂思考的主要课题之一。

2. 发展学生个性化的思维

学生作为独立的个体，都有其独特的个性，表现在思维方式以及针对具体问题的思考方法上，也会千差万别、各具个性。现代课堂，应当更多地尊重和激发学生的"原动力"，鼓励学生从不同的角度、用不同的方法去思考、探索、解释问题。唯其尊重，方得彰显。

3. 给学生提供亲自动手探索的空间

现代教学论认为：要让学生动手做，而不是用耳朵听。现代课堂中，教师应该更加关注学生的直接经验，为学生提供一系列亲身体验和发现的机会，从而令其更好地占有新知识、理解新知识和掌握新知识。

4. 提供合作讨论的空间

现代的学生更容易对新事物产生兴趣，也容易产生疑问，他们的认知潜能远比过去的学生更加凸显。同时，将来的社会生活对他们的团队协作能力提出了更高要求。

现代课堂应当创造这样的情景、提供这样的规则，鼓励他们相互交流合作，去观察、实验、猜测、推理、归纳总结……现代课堂必须充分尊重他们积极参与的尊严，允许他们毫无顾忌地展示自己的创造。

5. 提供实践的空间

知识源于生活又服务于生活。学生要充分理解知识，必须将知识与真实世界结合起来，学会用知识解决实际问题。即所谓"知行合一"，才算真"把书读会了"。现代课堂必须提倡这种思想、精神和素质，并为其提供实践空间。如此，才能使学生在获得基本知识和技能的同时，在情感、态度、价值等方面同样得到培养和提升。

其实，在新的时代，对新的课堂的期待远不止这些。总之，在新的时代，课堂应当能包容和鼓励学生的天性与个性，能教会学生思考、学习、批判的本领，能教会和培养学生开拓新领域、分析新情况、迎接新挑战。课堂上的教师，最重要的职责是教会学生如何创新，以创新为核心，统领"传道、授业、解惑"的全过程。这是新时代的课堂应当承担的使命。

四、现代课堂什么样

教育思想的进步，推动教育形态改变，也促使课堂本身发生翻天覆地的变化。

为了让个性情况不同的学生都能实现全方位的发展进步，新时代的课堂必然要把课堂主人的位置还给学生，以"学"为中心而不再以"教"为中心，同时，必然是支持个性化定制的。而要实现个性化定制的教学，关键在于充分全面地掌握学生学习的数据，充分尊重学生学习的过程，"因材施教"才可能落到现实。

为此，教师不仅要有丰富的教学技能，同时还要能够准确掌握每一位学生的个体差异和认知规律，根据每一位学生的不同特点进行系统性规划、设计，而且是持续设计。

过去的教师有很多经验，但无法支持这种精准的教学服务。因此，必然需要信息技术的介入和融入。依据大量数据统计、分析，得到学生学习规律、认知规律、差异发生点等，是现代课堂对教师提出的重要挑战。

传统的以教室墙壁划分的课堂形态正在渐渐消解，现代课堂正逐步走向"无界"的教学时空。在最新信息技术手段的支持下，传统的40分钟课堂规格正在被打破，其中的活动与内容经过重新整合，在更加宽广的时空当中延展，课上课下、线上线下渐渐融为一体。

现代的课堂，学生的学习行为正逐渐变成在一个无边界的学习环境当中自我充实、自我成长。老师们的角色则转变成为学生的支持者、同盟军，而非主人、敌人。师生携手，共同走向终身学习。

数字原住民、信息技术与传统课堂变革

现代中小学课堂变革的方向和特点,在很大程度上是为了适应"数字原住民"一代的特点和需求。

一、何谓数字原住民

我国教育技术领域非常著名的祝智庭教授在谈及教育信息化的大趋势时,曾讲过这样一个小故事:一个小朋友问她的妈妈:"妈妈,我是从哪里来的?"她的妈妈跟她讲:"宝贝,你是我生出来的。"这个小朋友的反应非常有意思,她说:"我还以为自己是从网上下载的呢!"

这个小故事,非常清晰地表现出"数字原住民"一代的特点。

著名教育游戏专家 Marc Prensky 于 2001 年首次提出"数字原住民"(Digital Natives)和"数字移民"(Digital Immigrants)概念,将那些在网络时代成长起来的一代人称作"数字原住民"。他们生活在一个被电脑、视频游戏、数字音乐播放器、摄影机、手机等数字科技包围的时代,并无时无刻不在使用信息技术进行信息交流和人际互动;而那些在网络时代之前成长起来的学习者则被称作"数字移民"。数字移民习惯文本阅读,而数字原住民则更倾向和习惯于屏幕阅读,他们强调更新速度和多重任务的重要性。

加拿大学者 Tapscott 认为每一个时代的学习者都因不同环境的影响而别具特色,并根据出生时间将美国和加拿大的学生分为四代。其中,把出生在 1977 年 1 月至 1997 年 12 月的一代称为网络世代(Net Generation)。由于互联网的出现,这一代学生开始进入网络世界里探求知识,找寻自己感兴趣的知识,从被动地接受信息变为主动地选择信息。他们具有更强的学习能力,学得更快,有些时候,父母和长辈甚至要反过来向他们学习。杨明磊将其称为"N 世代",他们不仅具备使用计算机及网络的能力,更必须生活于计算机网络环境。当计算机与网络成为生活的一部分,使用计算机与网络能力成为人们所不可或缺的部分,所有人将会被"N 世代"化。

已有研究都是将年龄作为区分数字原住民与数字移民的标准。大多数研究者认为，数字原住民即出生于网络时代的一代人，他们的出生时间大致在1980年之后，因为这个群体在少年时期就可以接触到电脑和互联网。而在1980年之前出生的学习者则为数字移民。

实际上，与把年龄作为数字原住民和数字移民的区分标准相比，用数字原住民的基本特征来界定，更加合理。数字原住民，是在无处不在的信息技术环境中成长起来，对于新技术的习得方面更具优势，并善于利用技术来促进学习。

二、数字原住民的学习特点

对于数字原住民寄予厚望的研究者们普遍认为，丰富的信息技术环境将对数字原住民的认知发展和生存旨趣产生影响。这里面隐含着一个假设：由于善于利用技术进行学习，所以数字原住民在认知方面更具优势。很多研究者普遍将数字原住民看作主动的、有经验的学习者，认为他们对于新技术有一种天生的能力，擅长完成多重任务，习惯利用信息技术来获取信息并与同伴进行互动。

Marc Prensky认为，数字原住民处理、加工信息的方式是不同于数字移民的，并对两者的认知特点进行了描述性的区分：数字原住民习惯于通过网络信息技术迅速获得最新信息、习惯于同时处理多种任务、喜欢在文本前呈现图表、喜欢获得即时的反馈信息等；而数字移民则具有很强的惯性，倾向于把在互联网上查询信息作为获取信息的第二而不是第一手段、喜欢文本阅读而不是屏幕阅读等。比如，数字移民会将电子邮件内容打印出来，需要把在电脑上写的文件打印出来编辑，而不是直接在屏幕上编辑等。在学习方面，数字原住民更喜欢探究式学习，在这种学习过程中探索并验证新观点，从而学会知识。

我国台湾学者柯志恩认为，数字原住民在认知方式、学习动机上都和过去有差异，主要表现在信息的接收、处理和提取的认知过程。作为数字原住民的学习者在信息的注意和处理上有几个特点：第一，图像及操作性技能优先；第二，较注意信息表面上所具备的知觉突显性；第三，分散注意力同时处理信息；第四，高速激发相近的概念。

三、信息技术与传统课堂结合的趋势不可逆转

对于数字原住民来说，利用互联网不仅能方便迅速地获取所需的信息，而且信息交互的方式打破了现实生活中人际的藩篱。然而在学校教育中，面对作为数字原住民的新一代学习者，教师越来越感到无奈，教师所提供的和学生所想要的常常不能一致。数字原住民和数字移民之间的差异，将对教育产生影响，教育则需要进行改革以适应这一批新的学习者。

简单地说，就是传统课堂必须与信息技术相结合。

清华大学《现代教育技术》杂志编辑部主任宋述强指出，人类社会经过了几种形态的变迁，随着时间的推移，这种社会变迁的时间越来越短，不同的社会中信息载体、知识媒介也都不一样。比如说在原始社会可能是石刻壁画，可能是龟甲兽骨；到了农业社会有青铜器，然后有了竹简、纸张；到了近代工业社会有了电影、电视机这些信息媒介，并很快被应用到教学当中；现在信息时代，各种各样的信息技术工具更是层出不穷，从早期的大型计算机一直到今天非常热门的"可穿戴技术"，乃至 VR 技术，等等，这些技术，正在被移植应用或已经被移植应用到我们的教育教学当中。

我们的教学环境随之发生了重要的变化。传统的教室依然存在，是我们教学的基础设施，但更多的开始有了线上的部分，每一间教室都可以很迅捷、很快速地接入互联网。传统课堂走到今天，线下和线上的边界已经很模糊，线上线下的教学活动已经越来越密不可分，共同组成了新一代学习者的教学环境。

我们怎样培养需要的人才

北京大学钱理群教授曾经在武汉大学老校长刘道玉召集的"理想大学"专题研讨会上语惊四座。他说:"我们的一些大学,包括北京大学,正在培养一些'精致的利己主义者',他们高智商,世俗,老到,善于表演,懂得配合,更善于利用体制达到自己的目的。这种人一旦掌握权力,比一般的贪官污吏危害更大。"

有老师发问:大学教育如此,那么基础教育培养学生的目标是什么?

一、我们需要什么样的人才

在传统教育体制下,中小学对"人才"的理解和想象,集中呈现在各种"尖子生"身上。

有老师这样形容这些人才:"他们在课堂上积极活跃,占用了很多的优势资源,我们经常听到他们精彩的发言、标准的答案和创新的思维,看到他们近乎满分的试卷,读到他们思路清晰、立意深刻、语言优美、情感真挚的作文。我们经常在各种竞赛、演讲等大型活动中看到他们的身影,他们精彩的表现让我们热血沸腾、引以为豪,我们为有这样的学生而感到骄傲,学校为培养出这样的学生而感到自豪。"

大部分老师都深信,以他们对自己的严格要求、勤奋好强的个性、对学习的精益求精,将来肯定能考上名牌大学,成为社会的精英阶层。中国科技大学少年班,就是这一想法的代表产物。

何谓人才,司马光有过精辟的阐述:"是故才德全尽谓之圣人,才德兼亡谓之愚人,德胜才谓之君子,才胜德谓之小人。"而对于人才的期望和利用,他给出了明确的指导原则:"苟不能得圣人君子,与其得小人,不若得愚人。"

事实上,当我们经历过一段时期的"唯智论"狂热之后,随着社会的发展成熟,我们发现,司马光的人才原则如今仍然适用。

换用现代的说法,有良好专业的人、有创新能力的人、有学习幸福感的人、有健康人格的人、会生活的人,将是未来我国人才需求的五大趋势。

具体到我们的中小学课堂，绝不能只关注学生的成绩，也绝对不能培养成绩优秀的学生的优越感。除了智商、知识和技能的培养外，他们必须会关爱别人、会融入、会负责、会担当，必须是完整的"人"。

与此同时，在这个信息时代，互联网链接一切，我们的教育工作也必须培养具有互联网"基因"的人。而我们的国家建设、社会发展在需要研究型人才的同时，还需要大量应用型人才，这项培养工作也应当从中小学开始做起。这些都是可以通过恰当的教育模式、教育形式、课堂组织、教学活动等来实现的。

北京四中的学生培养目标，概括为培养杰出的中国人，即培养忠诚（国家、团体）和服务（社会、他人）精神，以及追求卓越的职业与生活态度，使学生学会在未来优雅地工作和生活，成为职业领域与个人生活的成功者及有益于社会的人。在北京四中刘长铭校长看来，对于一名杰出的四中人和杰出的中国人来说，世俗意义的成功，比如财富、名誉、地位的获得，不是成功的全部内涵。如果你没有通过阅读经典不断汲取人生的精华，如果你没有待人接物时表现的优雅气质，如果你没有养成文明生活的习惯，如果你没有积极乐观的人生态度，如果你没有内心深处所恪守的行为操守底线，如果你没有对神圣和崇高的敬畏与追求，如果你没有忠诚、服务、诚信、博爱、悲悯等这些人类的美好品质，如果你仅仅掌握了获取、占有，甚至掠夺社会或他人财富的技能而没有丝毫对弱者的同情之心，如果你仅仅把个人幸福当成唯一的生活追求而不懂得怜悯、博爱、崇高和责任，如果有一天你身着名牌而对那些衣衫褴褛之人不屑一顾，如果有一天你趾高气扬驾驶豪车挡住步行人的道路而心中没有一丝愧疚，如果有一天你居高官享厚禄而不懂得人人生而平等，如果你的存在没能让这个世界变得好一点点，那么，你就不是一个真正意义上的成功者，不是一个真正意义上的杰出的四中人和中国人。

二、教育信息化大潮袭来

21世纪以来，教育信息化潮流势不可挡。教育信息化是教育理念和教学模式的一场深刻革命，在提高教育质量、推动教育理念变革和培养具有国际竞争力的创新人才等方面具有独特的重要作用。世界各国都在争相布局教育信息化，抢占未来发展战略制高点。

在这股教育信息化的潮流中，MOOC、翻转课堂、智慧教育、可汗学院等教育模式应运而生，强烈冲击着学校教育的传统堡垒，彰显出信息技术在当代教育变革中的重要意义：一是信息技术跨越时空的优势有助于实现教育资源配置的革命性变化；二是信息技术所能提供的选择性、自主性和个性化学习机会，有助于实现教育理念与行为的革命性变化，培养适应信息时代需求的现代化人才。正因为如此，我国《国家中长期教育改革和发展规划纲要（2010—2020年）》明确指出，"信息技术对教育发展具有革命性影响，必须予以高度重视"。

通过信息化课堂教学环境建设，以及各种关键技术的应用，可以创造出真正以学生为中心，着重强调教育内容、教学手段和教学方法的信息化，体现教学个性化需求，更新教学观念，激发学生学习兴趣和主动性，培养学生自主创新能力的全新课堂。

三、信息技术渗透教学推动传统教学革新

华中师范大学校长杨宗凯指出，随着当前信息技术的迅猛发展，我们应抢抓机遇，充分利用教育信息化手段，从基础教育开始培养创新型人才，实现教育高位公平。

信息技术深度渗入教育有助于冲垮传统人才观念，重建创新价值观。MOOC和创客文化空间等的兴起，使互动、分享、相互激发创意和进行创新成为一种新常态。2012年，由BBC组织的"望星空"群体在线讨论中，人们发现了一颗从未发现的星星，2013年还发现了几十个从未发现的星系。在这种信息化的学习过程中，批判思维、创造性思维、合作共享和交流这些最受人青睐的品质、21世纪新的人才标准，得到充分激发和培养。

信息技术深度渗入教育有助于改变同质化教育，重建具有个性化、差异化和创新性的教育流程。在教学方式上，通过构建以学习者为中心的网络化教学体系，能够改变传统的授受方式，使学生拥有自主选择和个性化学习的机会，有助于学生形成自主判断、批判和创新的能力。在教学资源上，通过构建智能化的开放平台，能够提升优质教学资源的开发利用水平，实现更低成本、更广范围共享，大大提升学习效果和教育投入效率。

信息技术深度渗入教育有助于改变科层管理方式，重建新型师生关系和扁平化管理文化。教师不再成为所有知识的直接灌输者，而是成为学生获取资源和进行互动的引导者。各种新技术的使用，使学生更敢于表达和分享自己的创见，激发其创新意识。

值得一提的是，对于部分教育资源薄弱的学校来说，利用信息技术，能够使不同学校处于同一个平台，通过同步上课、校际互动等形式，实现校际优质资源共享，并为提高薄弱学校的教师专业水平创造便利条件，提升薄弱学校的教育教学质量，共同实现高位均衡。

第二章 在线教育的发展史

中小学在线教育在全球的发展现状

20世纪中后期，随着计算机通信技术的快速发展，人类社会进入信息化社会。在全球信息化背景下，随着国际竞争的日益加剧，诸多国家都把教育信息化作为国家信息化的战略重点和优先领域进行了全面部署。

在美国及全球多个国家，K-12混合与在线教育在教育市场中利用竞争优势满足了受教育者的需求，提高了教育服务的活力和质量。根据K-12在线教育国际联盟副主席艾雷森·鲍威尔博士的介绍，K-12通过在线教育的支持，实现基础教育（小学、初中和高中）三个学段的纵向融通，这种做法对于我国当前利用教育信息化手段促进基础教育教学改革路径的研究具有很大的启示意义。

一、美国中小学在线教育的发展状况

美国K-12在线教育的形式丰富多样。从在线教育的提供方来讲，美国K-12在线教育主要有州层次的在线教育项目、学区项目以及私立在线教育三种形式。从具体的开展形式来看，大致有虚拟学校项目（包括州立、学区以及学区间三个层次的项目）和全日制在线学校两种类型的在线教育形式。

美国K-12混合与在线教育的开展，解决了美国基础教育领域的诸多现实问题。第一，解决了AP课程教学资源的缺乏问题。由于美国有40%的高中不能为学生提供AP课程，随着在线教育的发展，目前约有75%的学区开始通过在线的方式为高中学生提供AP课程。第二，解决了教师资源缺乏的问题。目前美国有40%的公立学校中存在现有教师数量不足，难以满足传统面对面教学需要的问题，K-12混合与在线教育为解决这一问题提供了一种可行的途径。第三，提高了学校的声誉。经调查，美国有60%的学区认为提供在线教育的服务能够在一定程度上提高学区的声誉。第四，降低了课程冲突。美国有50%的学校采取混合与在线教育的方式来降低课程冲突，以使学生修得足够学分，按期毕业。

目前美国有3万所私立学校，注册的K-12学生有500万人，占所有基础教育学生的9%。而且私立幼儿园的学生数约有10万人，比其他学段的学生数都要多。私立学校的生师比约为11∶1，这一比例略低于公立学校（16∶1）。私立学校在应用数字化手段进行混合与在线学习方面通常要落后于公立学校。私立在线学校以及为私立学校学生提供在线课程的提供方，一般要比它们同层次的公立学校的规模更小，但是它们所提供的课程通常比公立学校更新颖。此外，它们对平板和笔记本等数字化设备的普及、数字化学习内容和学习管理系统的应用更加广泛。

数字化教育资源是在线教育的重要组成部分。有调研发现，在北美，数字化教学资源内容的开发方既有来自教学一线的教师个体，也有学校和学区（或学区联盟），还有拥有专业数字资源开发团队的公司。数字化教学资源开放共享的途径主要有三种：第一，教师个体将自己开发的课程资源上传到 iTunes 的 Playlist 中免费共享，或者在 Teachers Pay Teachers 和 Time to Know 等网站上进行自主交易。第二，学校或学区搭建数字化教育资源共享平台，通过按学时给教师付费或免费的方式收集教师开发的数字资源，审核资源并上传至学习平台供学习者选用，使用者是否需要付费则依据不同学校的财政支持情况而定。第三，公司通过数字化教育资源平台提供数字化学习资源和教育服务，用户付费购买。

除此之外，在北美，数字化教育资源还可以通过一些教育性非营利组织来提供。例如，可汗学院（Khan Academy）提供的完全免费开放的平台可以供学校和教师共享及使用。

二、不同国家和地区在线教育的发展趋势

由于经济发展水平、政府支持力度、基础设施建设水平、人口密度以及地域创新程度的不同，K-12 在线教育的潜力在不同国家和地区发挥的程度可能不同。但是，坚持完全传统教学的国家越来越少，多数国家都在尽可能地提高技术在传统教室和虚拟教室中的应用水平。保证每一位学生都能使用网络是 K-12 在线教育实施和发展的关键性问题。据了解，目前已有很多国家（包括秘鲁、俄罗斯以及乌拉圭）都在投入资金发展其中小学的基础设施。还有一些国家（如英国、印度尼西亚、土耳其）已经实施了信息技术与课程整合以及 E-Learning 项目，并且信息技术的应用已经成为一种自觉行动。在澳大利亚和美国，它们的全日制在线学校每年可为上万名 K-12 学生提供学习支持服务。

从全球的视角来审视目前 K-12 混合与在线教育的现状，其主要呈现出四种发展趋势。

趋势之一：在发达国家和地区的城市中，大多数学生都可以选择混合与在线

教育。通过调研发现，北美地区、西欧地区、亚洲以及太平洋地区（澳大利亚和新西兰）的 K-12 混合与在线教育发展得很好，大多数学生都可以选择混合与在线教育。

趋势之二：大多数国家都提供了专门针对混合与在线教学的教师培训，并且鼓励教师参加培训。在有政府支持的 K-12 混合与在线教育的国家中，有 11% 的国家明确要求参与混合与在线教学的教师需要有专门的资格证书或修得相应课程的学分；有 25% 的国家为教师提供了专门的培训，但不强制要求教师参加。

趋势之三：与全日制在线教育相比，K-12 阶段的学生更多地会选择混合教育的方式。例如，在新加坡，全日制在线教育并不受推崇，相反混合教育作为一种课堂教学的补充却很受重视；丹麦也不把全日制在线学习作为一个发展目标，而是鼓励混合学习的方式；尽管德国也认为混合教育是教育的重要组成形式，但是德国允许 25% 的文法高中教育通过全日制在线的方式完成；意大利使用 LIM 和 Classi 2.0（加强教育创新的工具和项目）提供混合教育的工具和资源，几乎没有全日制在线的教育项目；希腊的传统教育正朝使用电子课本和在线练习的方向改革。

趋势之四：全日制在线教育大多被处于特殊环境中的学生所采纳。尽管全日制在线教育是一种可被选择的学习方式，但是这种方式更多地被那些由于各种原因无法参加传统课堂学习的学生所采纳。例如，比利时、意大利、刚果共和国、俄罗斯和斯洛维尼亚的全日制在线教育的学习者大多是一些运动员、患有慢性疾病或住院、严重残疾、关禁闭的学生。

当然，也有少数国家和地区（如新西兰、澳大利亚、土耳其、不列颠哥伦比亚省）的大多数学生广泛利用全日制在线教育的方式进行学习。在新西兰，虚拟学习网络和虚拟学习社区都是由自下而上的草根阶层发起的，目前已经形成有 268 所学校参与的 13 个虚拟教育社区，而且有超过 1 500 名中学层次的学生完全通过在线课程进行学习。

中国中小学在线教育发展历程

对于在线教育来说，计算机是工具，互联网是支撑，二者缺一不可。计算机和互联网发展的成熟度，直接决定了在线教育发展的程度。

互联网在中国的起步始于1994年，同年4月，中国国家计算与网络设施NCFC工程连入Internet的64K国际专线开通，实现了与Internet的全功能连接。但中国真正意义上的互联网较大规模的运用是在1996年。

一、中国在线教育发展的三个阶段

中国的在线教育是从20世纪末开始起步的，大致经历了远程教育平台、培训机构转战线上和互联网公司涉足在线教育三个阶段。

早期的在线教育，受限于互联网技术条件不足（如网络带宽的限制）和家用电脑普及不够，发展十分有限。同时，用户对在线教育的接受度也不高。

从2000年起，国内在线教育连续出现几个标志性产物。一是出现了"三分屏"形式的网络视频课件，在线教育进入多媒体阶段。二是教育部批准了68所高校为全国现代远程教育试点院校，准许开办网络教育学院，颁发网络教育文凭，其总体规模占据了当时中国在线教育总量的90%以上。三是新东方网校于2000年上线运行，标志着传统培训学校开始角逐在线教育市场；2001年，北京四中网校成立，依托现代教育技术与现代教育理念，以北京四中为核心，集全国各地名校名师的优质教育教学资源于一体，开始以自己的方式促进中国教育均衡发展，标志着传统中小学校也开始在线办学。

2010年前后，美国可汗学院开始影响世界。此时的中国互联网行业，对于投资者而言，电子商务、网络游戏等的市场机会已经不多，而在线教育成为"新宠"。2012年，美国三大MOOC（大规模开放在线课程）平台的大规模融资强烈冲击着人们的心理预期，导致国内在线教育迎来新一轮的大发展。在线教育作为互联网产业的一个细分行业，开始受到互联网巨头（腾讯、网易、百度、新浪）的重视，数以百计的新兴互联网教育企业进入这个市场，仅2013年全年就新增近千家在线教育机构。

国内在线教育发展主要集中在四大领域，即学前教育、K-12 教育（从幼儿园到十二年级高中阶段）、高等教育以及职业培训。

二、中国中小学在线教育发展的三个阶段

1. Web 1.0 阶段

即最初的线下课程网络化复制阶段，将名师讲解的课程以及试题移植到互联网平台上，供人们点播观看。早期的网校大多如此。

2. Web 2.0 阶段

在前一阶段的模式基础上，增加了交互性。在主要的产品当中附加各种服务，包括学习计划制订、督学导学、作文批改、答疑等，有的还是人工服务。这是"课程＋服务"的阶段。

3. 真正的在线教育阶段

在这一阶段，全面学习管理系统独领风骚。一部分实力雄厚的网校，在海量的知识库基础上，通过学习管理系统，对学生的学习过程进行全面有效的管理。与前一阶段课程和服务简单累加相比，这一阶段的在线教育能够承载复杂精密的教学模式，进行科学的教学过程设计，完成智能化的学习过程监控，极大提升教师的教学效率和学生的学习效率，并且教学效果清晰可控。

三、中国中小学在线教育的几种模式

经过十多年发展，我国的中小学在线教育大致形成了以下几种模式和形态：

第一种模式：网校模式。在 21 世纪初，以名校为基础的网络教育兴起，最初的理念是打造一个没有围墙的名校，让更多的人分享优质教育资源。经过十多年发展，网校模式也在发生变革，从最初热衷于做一个传统名校教育的翻版，或者面授培训课程的网络版，向承担和推广新教育模式改革转变。

第二种模式：单纯以教学视频为主的学习型网站。这类在线教育以"名师"为最主要的特色，但这种模式的状况并不乐观。由于地域辽阔，各地考试制度区域化，导致在中国打造"全国名师"很难。同时，这些网站上的大部分视频只是知识的讲授，没有师生互动，学生的学习效果很差。

第三种模式：以试题测评为主的网站，例如很多的 App 应用网站。这类模

式以一些小机构为代表，主要是搭移动互联网快速发展的车，以走技术路线为主。

第四种模式：云服务，全面学习管理系统，主要将测试、视频推送以及一对一在线答疑有机结合起来，形成一个一对一个性导学平台。这是当前的最新趋势，前几种模式都在努力融合它的一些理念和形式，有的干脆在往这个方向转型。

寻求信息技术与课堂教学深度融合

我国中小学进行了十多年的信息技术与学科教学整合的研究与实践，很大程度上改变了传统课堂教学内容的呈现方式、教学情境的创设方式、教学交互方式、教学评价方式等，取得了不可忽视的成果。

但是，从现实来看，目前大多数中小学的信息技术与课堂教学还是"整合"不到一起，加上很多实际问题考虑不深入、不周到，例如对信息技术的层次不作区分，没有充分考虑各学科教学的特点，没有照顾到不同学段的具体要求等，导致一线教师往往难以有效操作，信息技术作用于课堂教学的巨大效能并没有充分发挥出来。当初希望促进教与学、更大限度地提高教育教学质量的目标，并没有得到全面落实。蒋鸣和教授曾在《教育信息化，深度融合是关键》一文中指出："课程改革提出教学内容呈现方式、教师教学方式、学生学习方式、师生教务方式四个方面的改革，实际上……教学内容呈现方式改革了，但教学方式和学生学习方式在本质上并没有改变。"

一、超越"整合"而求"融合"

之所以"信息技术与学科教学整合"搞了十多年都未能尽全功，原因在于，过去的"整合"多是简单地将信息技术与学科教学凑在一起，即搞所谓的"整合课"教学。实际上，如今回头看，这种方式做起来相对容易，但难以持久，并且效果也大打折扣。

根源在于我国基础教育教学的实际情况。一是教育技术快速发展，导致现实当中信息化教学环境建设与信息技术应用存在各个层面的"梯度差"。二是现行教育体制的固化造成许多教育内在问题的显现，比如，应试教育的弊病，班级授课制的局限，城乡之间、不同地区之间教育发展水平不均衡；又如，学校的学科有主干学科、一般性学科之分，还有文科、理科之分，文科和理科的特点就不一样，不同课型也有不同要求；再如，不同学段的学生，心智发育水平、心理状态、认知能力和对教学的实际需求不尽相同……这些都是将信息技术作用于教育教学时必须直接面对和处理好的突出问题。

为此，政府提出了"信息技术与教育教学深度融合"这一推进教育信息化的核心理念。

从政策层面上看，《国家中长期教育改革和发展规划纲要（2010—2020年）》明确指出："信息技术对教育发展具有革命性影响，必须予以高度重视。"《教育信息化十年发展规划（2011—2020年）》对未来十年教育信息化进行了战略谋划，明确了基础教育信息化的工作思路、发展任务和推进措施。2012年9月，中共中央政治局委员、国务委员刘延东在全国教育信息化工作电视电话会议上强调：要深入贯彻落实教育规划纲要，创新教育模式和学习方式，加强优质教育资源和信息化学习环境建设，推进信息技术与教育教学的全面深度融合，加快提升教育信息化整体水平，为实现教育现代化、建设学习型社会和人力资源强国提供坚实支撑。中央电教馆副馆长蔡耘指出："教育信息化的准确理解，有一个核心观念问题要把握"，这个核心观念就是指"推动信息技术与教育教学过程的全面深度融合"。国家出台的重要文件和有关领导的重要讲话，无不强调信息技术与教育教学全面深度融合的重要性与必要性，这从政策层面为信息技术与课堂教学深度融合的研究与实验明确了方向，提供了保障。

二、课堂教学应用驱动深度融合

关于如何推动信息技术与课堂教学深度融合，这个问题在国家层面，教育部公开表示的基本思路就是应用驱动：

一是要着眼于解决教育改革与发展中的问题，在教与学的主战场中开展应用。这种应用应该是师生广泛参与的日常教与学的活动，贯穿于教学活动的始终，是对即有教学方法的改造与提升。

二是要在教育教学改革与发展的过程中不断提出新的应用、实现新的应用。也就是要从教育教学的目标要求和学习者的需求出发，以促进信息技术在教育教学中的应用、教学模式和学习方式的变革为目标来安排教育信息化工作。只有聚焦信息技术在教育教学中的应用，尤其是课堂教学中的应用，为学习者提供高质量的学习体验，才能找到信息技术与教育教学的融合点，才能真正体现融合对于促进教学改革、提高教学质量的强大支撑作用。

事实上，政府当初确定的"三通两平台"的核心目标与任务，都遵循着应用驱动的思路。除"宽带网络校校通"属于信息基础设施建设范畴外，"优质资源班班通"和"网络学习空间人人通"都是从不同侧面强调推进信息技术在教育教学中的应用。"班班通"强调的是数字优质教育资源的广泛共享，以及信息技术在课堂教学过程中的深入普遍应用。"人人通"就是利用云技术为学习者提供的网络服务空间与环境，努力使每个学生或教师都可以拥有一个网络上的个人管理平台，逐步实现课内课外的教学、学习与交流功能。

三、深度融合潜力无限

无论是在国内还是在国外，信息技术与课堂教学深度融合，都已成为教育信息化研究与实践探索的主调。在国外，教师教育研究与教育技术学研究的前沿热点之一就是有关"技术—教学法—内容"知识的研究。这项研究着重强调的是技术、教学法和学科知识的融会贯通，并且要求灵活运用于教学之中，而不是简单叠加、机械应用、表层应用。我国国内从"十二五"规划开始，关于提升信息技术与学科教学整合的层次，加强信息技术与教育教学全面深度融合的研究与实验就日趋深入。国内外相关理论研究的最高追求，就是提升信息化教学的实际效果，提高教育信息化建设的整体水平，加速实现教育现代化。

应当看到，由于信息技术的不断创新迭代，以及社会生产生活的不断发展进步，信息技术与教育教学的融合将会是一个永不落幕的话题。促进信息技术在教育教学中的应用，特别是在课堂日常教学中的应用，使学生的学习更加便捷、深入和个性化，代表着教育信息化的本质，具有无限的发展潜力。

因此，信息技术与课堂教学深度融合，是客观现实的需要，也是一个面对现实与着眼未来的具有全局战略意义的研究课题，值得从事基础教育的研究者、实践者和参与者共同深入研究与探索。

在我国整个中小学教育层面，信息技术与教学的深度融合，需要教育主管部门强力推动，并且电教机构、教研部门和学校之间要形成协调联动的合力。

四、学校与教师如何做到深度融合

对于学校和教师来说，要真正做到信息技术与课堂教学深度融合，必须做到以下几点：

第一，树立正确的人才培养观。从经济社会的发展走势看，创新型人才、可持续发展人才的培养是教育发展的大背景、大趋势。

第二，树立正确的教学观。不少学校仅局限于把信息技术作为简单的、一般性辅助教学手段；不少学校教师逢课必用、无谓滥用和乱用多媒体信息化教学；

不少学校教师信息技术能力低下、信息化教学水平不高……解决这些问题，必须从教学思想、教学内容、教学方法、评价手段等各方面全方位地与信息化深度融合。

第三，树立正确的课堂教学评价观。必须从教学实际出发，促进学生的全面科学发展，革新传统教学模式与教学方法，追求信息化教学实效。学习评价和人才评价观念要由"高分数"向"高素质"转变。

第四，在教学内容上不断加以完善，以求适应经济社会和科学文化发展的现实与长远需求。

如果要为信息技术与课堂教学深度融合找到一个突破口，那就是"以人为本"，以学生的发展为本。在教学设计与实施过程中，最关键的是要改变传统教学模式与方法，不断创造符合教育教学规律、适合学生健康成长的新型模式与方法。所谓民主式教学、探究式教学、任务驱动教学、整体教学与分组教学相结合、课外自主探究学习与课内合作交流学习相结合等，都是着眼于这一点。

而对于实际办学、教学的学校和教师来说，在现实操作中，必须尊重客观实际，避免违背教育规律。如果在运用信息技术设计教学模式、教学活动时不充分从学科本身特点出发，一线教师很可能就会完全做不下去；如果学校和教师不能充分理解学生的发育成长特点，不作出恰当处理，在运用多媒体呈现教学内容或进行网络探究教学时搞"一刀切"，很可能就会违背教学规律，很难取得好的教学效果……

具体实施的学校，必须从基础开始整体提升教师信息化教学的设计能力、实施能力，否则一节课下来表面看热热闹闹，实际上学生云山雾罩，什么都没学到，所谓的深度融合也只能成为空谈。

五、翻转课堂成为深度融合的样板

信息技术与课堂教学的深度融合，应当发生在实际的教学场景当中。

传统的教学模式的场景是：教师在课堂上传授知识，学生吸收与掌握知识在课堂外；当学生需要克服重点、难点时，往往得不到教师的现场帮助。如果知识传授和知识内化的环境颠倒过来，组成新的场景，教学效果将会如何？——这就是翻转课堂。

翻转课堂与传统教学中的"预习—上课"结构看似差不多，实际上却不是一回事。翻转课堂的意义，是在当前时代背景下，利用信息化的教学平台和手段，在教学结构、教学模式与教学方法上进行深度变革，基于深度融合的场景来推动教学过程实现，从而获得良好、高效的教学效果。在这个方面，美国可汗学院、网易公开课、北京四中网校等机构组织的探索和实践取得了很好的成绩，产生了巨大反响，成为我国信息化课堂教学改革的先锋，为教育工作者和广大中小学教师树立了样板。

拓展

北京四中"双课堂"的模式介绍

北京四中"双课堂"自2006年开始，是北京市教委主持的一个重点课改实验项目，经过一段时间的实践和操作，老师们发现"双课堂"已经变成教学当中不可或缺的一部分，已经进入教学的常态过程中。

双课堂项目其实就是一个虚拟网络教室，再加上现实课堂，利用它们彼此之间的互动互补来完成教学。对于其优势和特点，北京四中语文教研组组长、语文特级教师刘葵总结为四个方面。第一，诊断。能够帮助老师实现对于课堂重点的诊断功能。在传统的教学中，老师其实是在模拟学生的学习过程，然后老师有一个对于课堂的预设，去设计问题。借助网络教室，学生前期已经有了相互之间的分享，在分享的过程当中，老师可以了解学生的初读体验。这样可能有些问题在先期的讨论当中就自然地消解了，这个过程可以便于老师发现学生的共性问题和有价值的问题是什么。之后在现实课堂当中把问题展开，这样会极大提高课堂的效率。第二，记录。在现实课堂中，是以下课铃作为它的标志，下课铃响了，这堂课就自然结束了。当我们拥有了虚拟的网络课堂，使得我们不以铃声为结束，可以进行进一步的交流。整个讨论的过程，在网络平台上可以留下如实的记录，对于学生完整的学习状态，也会有更真实的记录和了解。第三，共建。网络平台不是单纯的由老师一个人提供资源，同学们的资源其实就是教学当中最重要的资源，这就是共建。第四，共享。在真实的课堂上是一个一对一的线性流动的状态，而在网络课堂上你会发现，它是一个一对多、多对多的状态，彼此之间可以有很好的分享。以前学生的作业交上来之后，只有老师一个读者。现在提交到网络平台上，读者增加了很多，对于学生来讲，会极大地激发他们的写作兴趣。这是网络平台与现实课堂教学结合在一起的优势。

第三章 案例

综合案例

北京市第五十六中学：与翻转课堂共成长

2013年秋季学期，开学一周后的一天晚上，鞠丽的手机响了。她拿起手机，听筒那端说道："鞠老师您好，我是卢新莹的家长，跟您说件事儿，这也开学一周了，我家小卢怎么啥都没学到呢？"

卢新莹？鞠老师记得，这孩子在自己班上，学习态度那是一板一眼，特别认真，她怎么会啥都没学到呢？

"为什么说她没学到呢？"鞠老师问。

"我检查她这几天的上课笔记，她一点都没有记啊。"家长说。

哦，鞠丽知道怎么回事了。学校翻转课堂实验班刚开班，教学模式、课堂组织、学习方式都是新的，孩子一时茫然无措，不会记笔记。

鞠丽把情况跟家长说明，并请她转告小卢：网上自学的时候要记笔记，上课讨论时遇到重点问题也要自己做笔记，不然看起来就跟没学一样。

放下电话，鞠丽心情复杂。开学这一周来，她接到得最多的就是这类家长的问询电话。她知道家长焦虑，其实她自己也焦虑。外人并不清楚，翻转课堂这件事，无论是对于她，还是对于她所在的学校，都是一场孤注一掷的豪赌。而在某种意义上，对这些翻转课堂班的孩子以及他们的家长，情况也是一样。

最后的希望在翻转

鞠丽在北京市第五十六中学当初中数学老师，这所学校始建于1955年，辉煌于20世纪80年代，衰落于90年代末，其后十余年间，生源、成绩跌落形成了恶性循环，到2013年，已成为全区末流，或许今年，或许明年，就会被某个更好的学校并掉，几十年校史就此烟消云散。

翻转课堂是被当作救命稻草、最后的希望，请进五十六中校门的。

王旭明是2012年调入五十六中担任校长的。他看得明白，这个时代里，教育受信息技术影响越来越大，翻转课堂将来势在必行，而五十六中也不能再这么混下去了，与其被动空等，不如主动先做。

王旭明决定搞翻转课堂。在办公室里，他对教学主任段富刚说："生死攸关，穷极图变；变或可活，不变则死，唯置之死地而后生。"

段富刚，学校教学主任，北京市语文骨干教师，风姿儒雅，有"段帅"之名行于校内。他自然能体会到，这位临危受命的校长话语中的决然。

校领导和学校行政干部首先统一了认识，作出决定，待这届新生入学，先拿出初中、高中各一个班来搞试验。学校了解到北京四中网校在全国各地有不少翻转课堂的成功案例，王校长、段主任和部分一线教师亲自到北京四中网校观摩了真实课堂后，当下决定与北京四中网校结为合作伙伴，让北京四中网校来帮助自己探索和实现翻转课堂的教学模式、课堂形式。对于学校来说，进行这次改革，最大依托有两个方面：一是北京四中网校拥有一支强大且专业的教研队伍，可以深入到学校一线帮助老师进行教学改革，不至于完全靠自己摸索；二是北京四中网校的在线教学平台的所有资源都可以面向老师和学生开放，其中丰富的微课、测评等资源，大多来自北京四中，这些优质的课程资源可以大大降低老师备课的难度，并弥补老师授课水平不足的差距。

改革起步须坚持

具体的实施方案出自北京四中网校教研院。根据学校领导层的意思，这个方案尽量照顾老师的情绪和利益。方案定了两个原则：一是老师自愿参与；二是明码标价，翻转课堂加倍计算课时。

不过，方案虽然这么写，校领导和行政干部们还是希望第一次试验尽量试出丰富的成果。

这种矛盾却又良好的愿望，在学校生死关头尤显无奈，甚至悲壮。

为了这个愿望，更为了整个学校的"蜕变"尽量有个好开头，主管这次课改的段富刚又站了出来，他要去做"恶人"了。

他挨个去"骚扰"学校最好的老师，他们一个个头上都顶着"教学之星""科研之星""优秀教师"之类荣誉称号，拥有各色奖项，都是学科牛人、讲台霸主。这些老师大多年轻、精力丰富，是这所学校最"值钱"的家底。他想方设法、磨破嘴皮，也要拉他们入伙，充当榜样，吸引全体老师投入。

我们要建设怎样的课堂

2013年8月暑假，学校召集全体老师开会，这次会议的目的就是传达改革精神，统一老师思想，并动员任课老师。会后，段富刚找到物理老师蒋丽丽，这位教学和科研两手都硬的"西城区青年岗位能手"，是他打算说服的第一个目标。

但他身为市级语文骨干教师、出口成章的人，刚开口就碰了钉子。这位女老师同样自信，而且固执："我自己在台上讲，就能吸引住学生，效果就挺好，你这么一弄，反倒效果不好。"

"这个翻转课堂，还要用什么网络平台，也就能上传点文字资料，学生还不是跟看书一样？"

"你们要求把课堂知识点先发到网上，可是物理课那么多公式、符号，要弄上网太麻烦了。我做不来。"

…………

这只是一个开始，在语文老师石筱敏那儿，拒绝得更直白："我传统课讲得挺好的，你们瞎搞什么？"

一路钉子碰下来，段富刚也想明白了。他承认，这些明星老师的课上得是好，但学校这次大动干戈，拿出家底来搞翻转课堂是孤注一掷，指望破旧立新，重构教学，杀出一条生路，求得未来。值此关键时刻，最好的老师还藏着掖着不投入，万一这第一炮打不响，折了改革的锐气，学校的未来更加迷茫。

事关重大，无论如何必须得到各科老师配合，哪怕动用教学主任的权威，动用行政命令，也在所不惜了。

征得学校领导同意与支持后，段富刚向固执的老师们拍了桌子：翻转课堂，各科老师必须配合，哪怕是形式上也得做！

新生入学寄厚望

整个暑期，北京四中网校的教研员和五十六中的领导、一线教师都没有放假，一系列的培训、演练占用了整个暑期。

8月份，又是一届新生到。五十六中初一、高一两个翻转课堂班的学生这时都知道了这是网络实验班，也知道了他们以后的上课形式会完全不同。

既然已是生死关头，学校也不拿什么差生班来做保守试验了。两个实验班，学校都选的是好苗子，高一的翻转课堂班是按中考430分的分数线划出来的。两个班，全校共筛选出65人；初一39人，高一26人。这些学生在全西城区可能排不上号，但已是学校如今能拿出来的最好的一批苗子。

军训之初，这65个孩子就按6人一组作了划分，让他们从军训开始就相互熟悉、配合。日后的翻转课堂上，他们就要保持这种编配，以6人围坐的形式，相互协作，完成各种学习活动，陪同老师与学校在全新的教育模式里摸索前进。

校长王旭明的期望，整个学校管理层的期望，以及正在来回奔波、来回游说的段富刚的期望，都寄托在他们身上。

8月最热的几天里，孩子们在操场上汗流浃背、喊口号、踢正步，周而复始，浑身酸痛，以此迎接他们的初中或高中生活。他们大概不知道，这会儿他们的老师也并不安闲，也在另一种训练里煎熬：翻转课堂培训。

很多人觉得，接下来的五十六中，会很有意思。

春风化雨解偏见

开学后，北京四中网校的教研员们越发奔波忙碌。经过一系列培训后，他们逐个去听老师们的课，主动跟他们交流。这么大的教学改革，不能光学校领导层剃头挑子一头热。老师们不痛快、不积极，改革只会空折腾一场，最终沦为笑谈——那还不如一切照旧。为了让大家接受课改，教研员们不光听老师们的每一节课，甚至帮助老师备课、发布课前任务，帮助老师做教学设计，帮助老师到课堂上做助教。高中语文老师石筱敏，语文功底深厚，个性强烈；但基本不懂信息化手段，甚至不会做PPT，典型的"信息技术盲"。她反感高度依赖信息技术的翻转课堂。

另一边蒋老师的课堂上，教室里的情况跟石筱敏那边一样，学生倒是按当初的小组编配围坐了，但老师的教法还是老一套。

北京四中网校的教研员耐心地跟蒋老师沟通："分组是为了小组合作，让强帮弱，充分调动每个孩子的积极性，也提供给他们展示的机会。而不是传统课堂上老师只能照顾到主动听课的学生。只要教学环节设计好，课堂一定不会乱，学生也一定不会开小差，到时我帮你做助教，保证你的课堂不会乱。"

石筱敏又来找教研员，她实在很讨厌用什么信息技术做什么课件，她问教研员："我多讲，不做，行不？"网校的教研员说："要不这样，咱们先备一节课，咱俩一起，备一节读写结合的课。PPT我给你做。"

石筱敏的PPT，网校的教研员真用心给做了，花了不少工夫，把PPT做得图文并茂、色彩丰富、搭配协调，视觉效果鲜明亮丽，石筱敏一看就喜欢上了，说："这东西还挺不错嘛。"网校的教研员笑道："那你拿着这个，按我们的教学设计上一节课，再感受感受？"石筱敏痛痛快快地拿着PPT备课去了。

石筱敏这节课在校内推出后，学生和听课的老师都反响不错，提起了她的兴趣。她又把学生写的文章发到了在线教学平台上，强大的平台统计分析功能，为她分析出一系列数据，而且还帮她把学生分出了不同层次。石筱敏拿到这套分析结果，惊讶万分。她现在也不算完全的"信息技术盲"了，但这套数据和结论还是有些超出了她的想象。

再去上课，她底气十足。整个班级的结构层次、整节课堂的节奏进度，如掌上观纹一般，前所未有的清晰。这样有把握、有针对性的课，真吸引了她。接连几次下来，石筱敏这块顽石算是融化了，她不再抵触翻转课堂，甚至愿意为学校做公开课。

老师们也不全是"保守派"，有一类是鞠丽这样的。鞠丽，一位活泼的数学老师，她不保守，她是小心。

鞠丽天性好奇，乐于尝试新事物，但并不激进，遇事习惯步步为营。学校让她尝试翻转课堂，她同意了，但她坚持自己的节奏——新课她不试，而打算先找一堂习题课试试。她憋了一个月，等到第一次月考，有了考题，才开始动手。

考完试，她拿几张白纸，手写一份答案，拍了照片，发在在线教学平台上，告诉孩子们：各自看照片对答案，第二天要上台讲。

但她心里并没底。她脑中一遍遍地演练整个流程，不停地祈祷明天孩子们配合，祈祷自己别掉链子。这么一个活泼得像百灵鸟的人，第二天的习题课却上得循规蹈矩、如履薄冰，直到下课铃响起，没出什么岔子，她才长呼一口气，放松下来。

她保持这样的节奏，攒一堂习题课，就上一堂翻转课，如此过了小半年。这天学校开教研组长会，会议主题就是翻转课堂下一步怎么走。老师们折腾或被折腾了几个月，个个积了一肚子话，趁此机会，各种感想交流碰撞，现场热火朝天。而鞠丽一直在拿习题课做翻转，新课还没试过，教学模式上领悟不深，比起他们，只算浅尝辄止，一时淹没在七嘴八舌里，竟插不上话。她本就不是故步自封的人，又见此情此景，她想："我要试一下新课。"

她的风格一如既往，先找简单的课上。第一次真正的翻转教学，她定在"等差数列"这堂课。本学期，这是新知识点里最简单的了。大概因为这课确实简单，或是她本就有点低估自己学生的接受能力，一堂课下来，没碰到什么坎儿，也没出什么波折，学生们学得顺顺当当。

接下来又是半年，她专等简单的课……如此过了第一个学年。她这步子委实算得上谨慎小心，段富刚知道她的想法，倒也没催促她，就让她按自己的步调去做。

初效成果普及难

看着段富刚这么奔忙地做各位老师的思想工作，或许有人都忘了，他本人还是学校最强的语文老师之一。第一个学期，高中试验班的语文翻转课堂几乎是他以一己之力撑起。

在某种程度上，他很孤独，并且压力山大。大家都没经验，也没人可请教，他就是最明白的那个，而且向上要对校领导负责，向下要对老师和学生负责。无论走的方向是对是错，他都指望不了别人；无论是课程资源制作还是课堂形式试验、教学方法探索，他都只能亲自动手、点滴积累、慢慢前行。

在这种情况下，他还必须表现得胸有成竹，并尽量给老师们自由创作的空间。"人是活的，他们能在其中感觉到一种快乐，体验到一些成就，自然就不再抗拒，他们会积极去做，并且成为榜样，去辐射更多老师。"这是段富刚的想法，学校领导层的想法也是如此。

第一年里，学校上下都忙于为翻转课堂凑齐一条逻辑链，指望这根链条成为引发全校蜕变的 DNA。他们在假期培训老师，北京四中网校的教研员帮助他们设计学生六人围坐的形式，要求老师修改自己的教学流程……他们宛如从零开始研发一款前所未见的新产品，一环一环地拼凑着这根链条。

他们凑齐了预想的各个环节，整个流程的逻辑也能说得通，他们将这一切嵌进了学校，想象着，在两个实验班的辐射影响下，其他班级和老师会被感染，逐渐主动加入尝试的行列。他们希望看到，除了实验班外，其他班的老师也会给学生布置线上学习任务，然后在在线教学平台上按时收到反馈；会让学生们围在一起坐下来，让课堂更有意思一些；会想方设法调动学生们上台分享、展现自我，慢慢培养起崭新的精神面貌……

但事情没按他们想象的发展，结果让他们有点失望。

试运行一年下来，除两个实验班效果明显外，其他的课堂、老师、学生变化不大，看不见生命力的辐射，看不见活力迸发的迹象，看不见一个鲜活的教学模式在整个学校层面生根、蔓延、蓬勃生长，也看不见考试成绩的明显上升。他们就像投入大量心血造出一台自认为先进的发动机，结果发现它只能低效率地自我运转，整辆车却纹丝不动。

一所学校最大的希望与梦想，必须有一个强劲高效的驱动核心，而且这核心要能带动整体。如果最终只是制造了两个有所突破的实验班，那也没多大意义。而发行政命令去强制老师这种事，可一而不可再。他们最初的担心还是发生了。

时间流逝，留给五十六中的时间不多了。校长王旭明承受着巨大的压力。

穷根究底觅解方

其实，有时候，想象力决定了改革的成败。改革自有它的形态，大的改革有时并不只是一根环环相扣的链条，而更像一座建筑物，有基础、底座、柱础、桁架、穹顶、屋脊……或一台复杂的机器，能否发挥正常功能，取决于它的结构是否完整，系统搭配是否契合。

在翻转课堂这台发动机里，如果老师是火，学生是油，那么显然，不同特性的油也应适配不同的燃烧技术。北京四中网校的教研员们和段富刚，在课改之初就意识到了，自己试图点燃的这批学生，并非理想中的那类精英。当下的五十六中，能招到的学生其实大多缺乏良好的学习习惯、自学能力乃至日常行为习惯，所以当初组建的两个实验班选择了较优秀的学生，而现在要普遍推开，要烧这样的油，他们手上这台发动机必须改造，添加新的助燃系统。

要想以两个实验班 65 个人为辐射核心，带动整个学校的变革，还必须额外设计一套牵引机制。

翻转课堂这东西，本质上是要改造人——通过重造教学生态来改造学生和老师，扭转他们长期被传统考试升学体制所压抑和伤害的习惯、心态，为他们重塑（或者说恢复）一种正常的学习、生活、工作方式。

在本质上，他们所寻求的新教育模式是一种自然纯真的师生互动生态，也是一种疗救系统。这套新模式会在传统教育体制的铁幕上撬开一条缝，在严苛的考试升学制度阴影中留下一线光，给老师和学生们心中仍未熄灭的原初教育理想开辟一点呼吸空间——至于教学质量、考试成绩的提升，严格说来，只是践行这一理想的自然产物而已。

所以，要修正现有翻转课堂模型中的过程评价体系，更重要的是，德育体系的介入必不可少，而后勤系统也跑不掉。

说起来，他们本来只想提高学生的考试成绩，结果却发现必须完成一场深刻的教育理想运动。就像本来只想找份养家糊口的工作，结果却不得不掀起一场工业革命一般。

事到如今，他们也身不由己，推进翻转课堂的脚步不能停。2014 年，学校又拿出两个年级推行"翻转课堂"；到 2015 年 9 月新学期，翻转课堂已经覆盖了新初一、新高一两个年级所有学科，以及初二、高二、初三、高三的部分科目。

评价体系成亮点

学校引进了北京四中网校"爱学课堂"的学生评价体系并改成适合五十六中使用的标准。

学生上课主动回答一个问题，按标准要奖一个笑脸标记，初一学生得一个笑脸会高兴一整天，高一学生给小笑脸就没什么反应。概因生理、心理发育阶段不同，人对尊重与荣耀的感受也迥异。

第一年里，翻转课堂试验推进节奏不快，孩子们的心理状况相对稳定，这种固定评价标准尚能忍受。转眼一年过去了，初一升初二，高一升高二，学生进入分化期和心理波动期，固定评价体系的缺陷顿时爆发出来。这时学校也意识到有问题了。

趁新一届实验班学生入学，意识到问题的网校教研员和老师们，开始主动摸索合适的评价方法，一点点地记录、更换、填补，不断累积起来，迭代此前发布的评价体系标准。他们实在很难接受，有朝一日高二学生再升上高三，课堂上自己还要奖励他们小笑脸，或者夸他们"你真棒！"之类。对于高年级学生，他们会换一套激励语言，比如："这么有难度的问题，你能回答得这么好，不错！"

学校也开始尝试把德育体系嫁接到翻转课堂上，全面推行积分制，学生在校所有重要表现都有相应的正负积分，课上回答特别精彩、小组合作良好、主动帮助同学等，都有一定额度的正积分，相反则为负积分。正积分有奖励，不同积分档可以兑换不同的实物，如本子、水笔、夹子乃至学生们喜欢的书等——不过平时，学生还是更喜欢老师在课上的语言激励，那是他们莫大的荣耀。负积分也有惩戒，必须去做一些公益性劳动，比如顶替值日生擦黑板、扫地、擦窗子等。

积分制一经推出，翻转课堂的课上氛围立刻一振。少男少女们都很聪明，在实实在在的激励面前，他们自然不吝于活跃一下。变化就这样自然发生了。

鞠丽这时一改早先的谨慎，展现出超前的风格。她看各年级都实行班主任制，灵光一闪，就把班主任拉了进来。从此，她的课上无论加分、表扬还是批评，都转换为德育分数，登记到班主任责任簿上。班主任拿着这个本子，每两个星期给每个学生算一次德育积分，并排出个人排名、小组排名；小组排名第一的给奖励，前两名还会给予一次豁免权。

豁免权是学生们最眼馋的东西，因为班主任允诺他们，每次豁免权可以抵消一次他们犯小错的责罚。

当然，德育积分最后一名也会有惩罚。鞠丽跟班主任沟通好，惩罚都以组为

35

单位实施，不论是个人还是小组积分最后一名，接下来一个星期，放学后都要全组留在教室里做作业。

相比学校普及的积分制，鞠丽班上推行的"免死金牌"兑换制明显更加高大上，不仅立即赢得本班学生追捧甚至攀比，而且还成为一股时尚潮流，席卷了全校，几乎所有学生都在羡慕、向往，希望自己班上也能这么干。

鞠丽的学生热衷于攒积分，除了兑换豁免权，还有更加实际的好处，就是加综合素质评价分，而这可以兑换"免补考权"。五十六中的期末考试难度比较大，数学考试有时比高考题还难。鞠丽告诉学生："你们如果这学期成绩不理想，怕期末补考，没关系，只要你平时表现足够好，我会给你加足够的分，让你免于补考。"

这个综合素质评价分来源很多、很细：学生网络提交作业完成得好，有奖励分；全组都按时完成，有加分；跟老师互动好，有加分；小组配合好，也有加分……根据翻转课堂的精神，鞠丽特别强调小组集体配合，所以，一个小组只要有一个人表现不合格，全组都不会有加分。可能有学生不在乎自己被扣积分，但若因为他一个人把全组的分都扣了，他也不自在，团队精神就这样培养起来了。

所以，鞠丽班的数学期末考试试卷上面都有两个分数，用两种颜色的笔来打，真实卷面分数用红笔写，后面鞠丽再用蓝笔写上平时分。若到她的班上去打听，你会发现，很多学生都攒了一大堆平时分，以备期末"不测"。

时间推移，五十六中的积分标准还在继续修改。段富刚的课堂仍然与众不同。最初，他有两条加分标准：敢站起来回答问题，以及声音响亮。但学生的聪明不可小觑，他们习惯了踊跃发言之后，就开始堂而皇之地"刷分"了：段富刚的提问话音刚落，就有人噌地站起来，大说特说，声音洪亮。段富刚很高兴，觉得学生越来越积极主动了。然而听着听着，他就皱起眉头，因为这发言空洞无物，东拉西扯，甚至不知所云；学生说完一通后坐下，他还是给加上了分数。时间一长，次数多了，他也回过味来，原来这些孩子根本不是在回答提问，纯粹是在信口乱说，钻空子赚他的分数。明白了真相，他的加分标准就变了——不但要敢于站起来大声回答，还要言之有物，讲得有点道理、有点意思才行。"刷分党"们很无奈，也只得乖乖接受。

脱胎换骨见风采

无论如何，被逐渐完善的翻转课堂模型推动着，学生们发生了巨大变化。从第二年开始，段富刚再去串教室听课，便很欣慰地看到，这些姑娘、小伙子身上浮现出一种叫做"风采"的东西。曾几何时，他们被叫起来回答问题，还畏畏缩缩、语无伦次、手脚发抖，而眼前这些学生，踊跃抢答，仪态大方，口齿清晰，思路周正，甚至时而有神来之笔，令他眼前一亮。

而他们的考试成绩也开始明显攀升，超出普通班。2015年1月，初二年级的一个实验班与普通班相比，数学平均分高出6.61至22.32分不等；语文平均分高出4.24至8分不等；作文平均分高出1.55至2.16分不等；英语平均分高出14.83至24分不等。

或许这些学生自己还没发现自己身上的变化，他们的脱胎换骨是潜移默化的。老师们的自我感觉相对清晰一些，经过革新洗礼，他们早非当初按部就班、浑浑噩噩混日子的状态了，凡是带翻转课堂班的，都建立起了强大的自信。这批老师代表了五十六中如今的教学水准，段富刚判断，他们如今足以去区里任何一所名校任教。

快速攀升的教学质量，有声有色的教育改革，令五十六中在北京市西城区声名鹊起，不但摆脱了合并之忧，而且借助北京四中网校在全国的200多家分校，将自己的模式和经验辐射到了全国数千个网络教学点，听课教师和学生数以万计。

任何革新必付出过代价。五十六中的成长变化，是以早期那些粗陋的翻转课堂、那些先行老师的煎熬、那些一堂课动辄半个多小时茫无头绪的"浪费"为祭品换来的。

学校这场豪赌，终究是赢了。普通班的老师们主动模仿加入的越来越多，实验班的各种形式、手段、评价制度，纷纷被他们引入自己的课堂。段富刚与校领导们当初望眼欲穿的"链式反应"，就这样出现了。

至今仍然固执不变的老师也有，段富刚跟他们争论时，话也说得很直："我不否认你的课讲得很好，但基本属于自我陶醉，你的课现在是孤芳自赏。你在学生面前自赏什么？"

"现在教育观念变了，我们做任何事都得站在学生的立场，从学生的角度考虑，别太自我了！"

不过，对于那些四五十岁的老教师，学校也并不强求他们改变。毕竟年龄大了，打字慢，学新技术也不太现实，至于录微课，更有些强人所难。对于这个年龄层的老师，学校更希望他们在各自合适的岗位上，发挥他们的经验优势。

我们要建设怎样的课堂

故事如烟功勋在

两年后，2015年三月阳春里的一天，宋清照在接受记者采访时聊起了翻转课堂带给她和学生的变化：

"我觉得学生的转变有四大方面。第一个就是学生自主学习能力开始培养起来了。因为学生先在平台上自学，跟着微视频学习，然后把自己的疑点和难点在平台上跟老师提出来。那么他们就会在课堂上听课更有的放矢，来听自己的疑难，解决自己的疑难问题。第二个，我们课堂活动形式是以小组合作来进行，那么在这个过程中，就需要每一个组员都发挥积极作用，他们在共同努力之下，针对老师的提问组织一个小组最完整、最佳的答案进行展示，他们的团结协作能力就有所培养。第三个就是学生自我展示的勇气得到了培养。尤其初一的学生在我们普通学校，很多孩子在小学是很难有机会在全班同学面前大胆地发言。有的同学可能小学六年都没有机会站在全班同学面前去说、去讲他的意见。在我们这个课堂上，就会有机会锻炼学生自我展示的勇气。第四个就是协调和沟通能力。每个同学的学习习惯是不一样的，有的人喜欢默默地学，自己在书上做笔记，听老师讲解。有的学生喜欢跟别人沟通和交流，我们小组活动的要求是全体组员都要活动起来，所以这时候组长就起到了沟通和协调的作用。而每一次发言的人，要去把组内每个人的发言汇总，这就要求他与组内每一个人进行沟通和交流，就得到了沟通协调能力的锻炼。"

"那么对于老师呢，我认为教育理念应该是三年的初中学习，不仅仅是学生要会了某种技能、某种知识，而应该是掌握一种终身学习的能力及敢于质疑和探究的精神。在这个翻转课堂上，要求老师必须有所转变。首先要调整自己的教学理念，以前一直说要以学生为主，但是什么是以学生为主呢？应该是以学生的难点、学生的疑问为主。在我们翻转课堂教学过程中，学生是先学，然后他提出的疑难问题就是我们的教学重点。其次，对我们语文教学来说，我们要重新整合教学内容和教学资源，以培养学生能力为主，以语文课本上的课文为辅，那么我们可以拆分课文，把知识点进行整合和训练。主要目的就是培养学生一种能力，而不只是对某一篇课文的简单理解。那么教学过程中，学生讨论出来的这种疑难问题，就是我们课堂上要关注的深层次的教学内容，这是非常宝贵的资源。第三点就是我们在教学过程中更加注重培养学生自信的能力。这是一个人应具备的非常重要的一种素质。我们会让每一个学生在每一个小组之中轮流选择发言人，他们都有可能在全班进行展示，在全班同学面前大胆地说出自己的看法和意见。这对学生自信能力的培养是非常关键的。第四点就是培养学生探究质疑的精神，我们常说中国学生经常被人诟病说缺乏创造力，就是因为他们之前接受的是老师教的东西，只能是跟着学。我们现在这种课堂，其实是鼓励他们提出自己的疑问，或者对别人的解答提出自己的质疑或是看法。学生在初中和高中阶段是最容易培养创造力的阶段，而这个阶段如果学生能有一种探究质疑精神的话，那么对于他的创造力的培养是非常重要的。最后就是老师要注重学生的互助合作能力。老师在课堂上发布小组合作的主题和要求后，小组之间未必会合作得很好，这时候老师要在每个小组之间协调组员和同学之间的关系，组织和锻炼小组成员互助、讨论、合作的能力。"

成都人北中学：我与翻转课堂的缘分

成都市人北中学正式组建实验班实行翻转课堂教学改革，是从2014年上半年开始。但它与翻转课堂的缘分，却从很早以前就开始了。

困境之中找出路

2012年人北中学的发展出现了两个问题，校长陈浪为此每天都在苦苦思考与求索。

一是教师的专业发展问题。人北中学的教师队伍，教师结构严重老化，平均年龄四五十岁，年轻教师很少。这批教师基本都是当年人北中学还被称为"小七中"的辉煌时期的那一批，基本的教学技能和教学水平都很过硬，但在职业发展上已经出现了高原现象，"没有新事物来刺激他们发生新变化、产生新突破，职业状态几乎完全停滞。"时任人北中学校长的陈浪回忆说。

信息化素养已经成为未来教师必不可少的一个基本要求，在国内教育领域，信息技术与课程教学深度融合已经形成潮流趋势，教育部也公开提出了要求。在这种情况下，如何促进学校的教师发展，成为陈浪校长心头一件大事。"这个潮流和趋势确实正在发生，与其被动接受，不如主动出击。"他说。

但怎么出击，这一仗怎么发起、怎么打，陈浪当时并没有清晰的答案。

二是学生的学习遇到问题。当时学校正在进行一场课程教学改革，改革名目是"成长课堂"，主要是提倡对学生进行个性化教学。这个成长课堂的主要学习形式是小组合作学习，这与北京四中网校推行的翻转课堂模式颇有相似之处，这也为日后的合作打下了基础。但在教学实践中，陈浪发现，这种小组合作学习形式固然先进，但好像哪里总有些问题，好学生与差生的差异如何在同一个课堂上得到全部的满足呢？

如果小组合作学习这种形式没有什么问题，那么问题很可能就出在学校的教学模式和教学环节设计本身，人北中学需要一种更专业、更加精深的模式，来突破当前的问题。什么模式堪当此大任？陈浪在寻觅。

偶然机会触灵感

2012年，陈浪随同成都市教育局组织的一个中学校长考察团出差，这个由十几位校长组成的考察团一路经过辽宁大连、河南郑州，考察了多所中学。陈浪心里装着问题，一路走一路看，一路寻觅着那可能突然闪现的答案或灵感。

在郑州的回民中学，学校展示的平板教学引起了他的兴趣。不是因为平板教学本身成了他关注的重点，而是这种教学方法引起了他某种联想。

那所学校的平板教学本身并不在课堂中运用，它是与增值性评价相互勾连使用的，这个增值性评价依赖于网络开展，需要通过网络迅速搜集教学数据——就是这一点，在他脑海里点开了涟漪，仿佛暗示着某种东西，而那东西正是当时的人北中学需要的。

他形容说，当时脑中闪现着两个亮点，一个是自己学校"成长课堂"的小组合作学习，另一个是眼前展示的平板教学，就像两颗灼灼闪亮的明星，相互之间似乎隐约存在某种关联，如果能用某种方式把它们联结起来、熔为一炉，得到的很可能会是一个辉煌的太阳。但是，那个隐隐约约的线索或逻辑框架到底是什么，他无论如何也想不出来。接下来，这个问题就憋了他一路，简直让他到了茶不思饭不想的地步。

一回到成都，陈浪就坐到了电脑跟前，开始上网搜索。他手里只有"平板教学"这根线头，他就由此开始，顺藤摸瓜一路找下去。从平板教学找到电子书包，从电子书包找到移动学习，从移动学习找到MOOC……然后他发现存在翻转课堂这种东西。

就像一粒火星掉进了油海，陈浪的思维被轰然引爆，所有的碎片、所有的线索，一瞬间全都涌现并组合起来，思路豁然畅通，眼前豁然开朗。人北中学需要的东西，终于找到了。

陈浪十分兴奋，每天挤出时间来学习翻转课堂的理论、形式、方法、技术……他亲自搜集了一大堆资料，并编成学习材料，发给全校的老师，组织大家一起学习。

与北京四中网校结缘

此时,人北中学的"成长课堂"模式未解决的问题主要集中在:老师如何因材施教?学生个体差别较大,如何准确把握个体学习规律?学生数量过百,如何能对每个学生都了如指掌?知识点越学越多,如何实时掌控学情的动态?

对于基础教育的课程改革而言,此时学校发展也到了分水岭阶段。"教中心"转为"学中心"的趋势已经显现。对于学校和老师来说,在先学后教、以学定教等发展趋势下,如何及时精准地掌握学情?对于学生来说,自主学习环节,导学案中测试题目是否做对了?是否达到了预学习的效果?课堂上试题讲解中,还有没听懂的怎么办?临近考试,如何确定复习的重点?

而对于学校来说,如何提升行政管理效率,如何对师生实施有效评价,如何搭建教师成长平台、促专业化成长,如何提升师生信息化素养、适应未来社会的需求,这些问题也都变得越来越重要。

陈浪正发愁时,一个偶然的机会,北京四中网校主动找到了他。北京四中网校也正在研究探索翻转课堂模式的教学,结合网校自建的在线教学平台和积累的大量课程资源,这套教学模式已经很成熟,并在全国各地都有不少成功的案例。陈浪校长随后专程到北京参加了由北京四中网校主办的"中国基础教育信息化论坛",论坛上聆听了原北京四中校长、现北京四中网校董事长邱济隆先生的报告,也了解了北京四中双课堂的成果,观摩了北京四中网校的翻转课堂模式的公开课。课堂上小组围坐的合作探究,通过老师教学环节的设计,每一个学生都能够积极地参与,并且有展现的机会。陈浪当下决定与北京四中网校合作,推动人北中学的翻转课堂改革。

学校所需要的数字校园环境、在线教学平台,以及一系列课堂教学模式的引进、资源解决方案,都由北京四中网校来帮助解决!这雪中送炭的一幕,多年以后陈浪再次谈起来,还满怀感激。

时间走到2014年下半年,牵手北京四中网校后,陈浪觉得时机成熟了,准备启动翻转课堂改革。

陈浪在全校大会上向全体人员谈翻转课堂问题:以学校当前的办学水平,未来形势很艰难;学校要谋长远,"成长课堂"下一步要向纵深发展,做翻转课堂是最好的选择。

我们要建设怎样的课堂

曲线救国建沙龙

老师们这时对翻转课堂并不热心。根据校长的意思，做翻转课堂一是给学校谋发展，二是能减轻老师和学生的负担。但老师们无论怎么看，这都是一种全新的教学模式，哪怕放在全世界都是新事物，让人对它心里没底；实施起来又要用网络、学技术、建微课、改课堂……这一大套做起来，能不能减轻负担不说，至少肯定会很难。

"一场改革启动的时候，总有排斥的、冷嘲热讽的、观望的、犹疑不定的。这很正常。"陈浪说，"任何改革，要打破原来的平衡，达到新的平衡，总是一件很痛苦的事。"

根据北京四中网校教研员的建议，探索实践翻转课堂的老师，最好要对信息技术和新课堂感兴趣，这样入门熟悉起来才快，在分析学生学习数据、线上互动、设计教学活动、组织小组讨论时才能高效。陈浪想到了一个办法。学校有一间很大的办公室空着，他安排人清理了一下，作了简单装修，买了一些家具，补充了一些信息化设备，挂上"翻转沙龙室"的牌子，然后告诉老师们："这间教室是我们学校的翻转沙龙专用场所。谁对翻转课堂感兴趣，自愿报名，就可以加入这个沙龙，自由交流研讨。"

或许是对小圈子研讨的氛围感兴趣，加上陈校长的亲自动员，有7位老师报名加入。其中，物理老师钟志刚毕业于北京师范大学，是位"技术狂人"，相信"一切皆可用技术解决"，这个翻转沙龙就交由他牵头；其他还有数学老师薛强、地理老师师璐……

翻转沙龙老师们的研究热情很高。特别是薛强老师，原本他是要带初三班级的，但为了研究探索翻转课堂，他竟然向校长申请不带初三了，改上初一的课。

2015年上半年，北京四中网校的教研员开始给学校全体老师进行专题培训，并组织老师们到重庆江津聚奎中学观摩翻转展示课。回校后，在网校教研员的指导下，翻转沙龙的老师们开始上了一些研究课，效果很好，学生也很喜欢。

2015年年中，学校真正开始组建翻转课堂实验班。陈浪打算先尝试，看过程、评结果、改过程，一步一步去发展。

至于实验班安排在哪个班，陈浪想起了薛强老师，从他为了探索翻转课堂而放弃带初三班级的举动，可以看出他的热诚。薛老师教两个初一班，陈浪就安排把这两个班拼合一下，作为实验班。又从学校选择了一位曾在外资医院做过信息工作的年轻老师当班主任。接下来，再把翻转沙龙中的其他几名老师都安排到这个班来。就这样，人北中学的翻转实验班"PAD 班"闪亮登场了。

事实上，陈浪在动员老师时，并不像很多人以为的那样，主要选择"技术发烧友"来动员。他动员的这些老师，其实大多数是教学能力很强的骨干老师。他的指导思想是：会不会做微课什么的，都属于"术"的范畴，而翻转课堂说到根本还是离不开教学这个"道"。有的老师或许技术用起来挺炫，但课堂教学的基本技能还差一些，课堂上不一定真能用好。

在翻转沙龙室里，形成了非常优良的研讨文化，哪位老师需要模课，都是拿到这里来，大家一起"模"；最终"模"出来的每一节课，都是他们集体智慧的结晶。

在此过程中，陈浪还引入了"北京四中网校四叶草云课堂"，即把 PAD 电脑直接引入课堂实现课堂的互动教学。人北中学这个 50 名学生的翻转课堂实验班叫做"PAD 班"，顾名思义，在教学手段设计上，是要用到平板电脑的。

热诚投入的老师们

人北中学的翻转课堂实验虽然只有一个班，但网校的教研员们还是和老师们一起备课、进行教学设计、说课，以及课后的评课，学校投入其中的几位老师也十分热诚。

随着实验的推进，老师们渐渐熟悉了翻转课堂，针对不同课型，掌握了不同的教学流程。新授课的操作流程是：挑选或录制微课、前置学习、预习检测、分析反馈、设计上课方案、解决疑难、拓展延伸（小组合作）、检测反馈。

试卷讲评课的操作流程是：挑选或录制微课（重点题目）、观看视频、反馈问题、分析反馈、设计上课方案、解决疑难、拓展延伸（小组合作）、检测反馈。

与此同时，他们对教学还有了新的理解。

他们理解，翻转课堂本质上是实现四种翻转：

一是学习过程和学习方式的翻转，本质是要学生自主学习，在学习过程中发现问题，由老师来解决；

二是教学观念的翻转，破除千篇一律、万人一面的观念禁锢，实现因材施教；

三是师生角色的翻转，老师从过去的教学主体变成教学过程的导演，主体变成学生；

四是课堂组织形式和管理机制的翻转。

他们认为，只要实现了这四种翻转，那就是翻转课堂。

老师们也越来越多地开始自己制作微课资源。北京四中网校的在线教学平台上，有大量资源可用，但陈浪认为，人北中学要真正将翻转课堂模式融合进来，就不能完全依赖现成的资源，资源最终必须本土化。

变化正在发生……

或许老师们自己并没有注意到，在此过程中，他们的身上正在发生一些可喜的变化，但陈浪每次到实验班听课，都能明显感觉到，这种变化体现在老师们的态度上。

过去，老师们习惯于给学生讲授，全程都按自己的套路和设计来。老师觉得哪个问题是难点、重点，就反复讲。他们很难注意到，这些难点、重点，到底是孩子们真不懂的，还是他们自己"觉得"的。

而课堂翻转之后，老师们讲什么问题，都要看学生自主学习过程中、测验中、作业中暴露出什么问题。信息来自学生，而非来自老师主观。

"你去听课就能感觉到，课堂上他们与学生交流时，姿态不是高高在上了，而是渐渐习惯于跟学生平等地交流。"陈浪说。

除了老师，学生的改变他也看在眼里。实验班的课堂上再没有开小差、打瞌睡、看其他书之类的现象。孩子们看起来都更加阳光、更加自信，这种阳光和自信流露在气质、言行之中。最明显的一点是"胆大"，无论是老师、校长还是其他人跟他们交流，无论是在课堂上还是在学校的活动上发言，实验班的孩子们都敢说话、不怯。由于每堂课都有机会交流和展示，他们的策划能力、表达能力、沟通能力、团队精神、合作精神……都在自然提升。正因为如此，实验班的老师们都相信一点：只要做好翻转课，学生的德育是不会有问题的。

2017级初二（5）班的孙俊豪同学，在翻转课堂已经学习一年左右了，在学习中对这种新式教学深有体会。他认为这种新式教学的方式有利也有弊。

"它的优点是调动了我们的学习主动性，并且激发了我们的学习兴趣，还可以一次没有听懂，再听第二次、第三次……直到听懂为止，这样老师就能节省更多的时间和精力帮助我们学习更难掌握的知识。"他说，"自从开始翻转课堂的学习，我的自学能力就在不断地提高，也养成了每天复习和预习的好习惯。"

翻转课堂实验平台的辐射影响

如果将人北中学的翻转课堂实验视作一个平台，这个平台正在向外辐射它的积极影响。

人北中学有一个例行的交流会，放在学校每周二的政治学习时间举行，这个交流会被叫做"人北论坛"，被学校当作老师们的自由学习交流会。学校教科室负责每次的论坛安排、交流分享。

一般来说，"人北论坛"上的交流分享主要有两个来源，一是老师外出学习培训，回来进行分享；二是老师们平时工作中做出什么亮点，可以拿来在这个平台上展示交流。学校很重视这个平台，将其称为"业务进步的阵地，教师成长的家园"。

自从学校开展翻转课堂实验后，这个论坛上分享最多的就是翻转沙龙的老师们。一来因为翻转课堂确实容易出亮点，二来也因为这些老师本身更加乐于向其他老师分享自己的经验感受。同时，翻转课堂实验班的老师们认为，应当借这个平台，将翻转课堂尽量多地介绍给大家，打破老师们的神秘感，让他们不再认为翻转课堂是只可远观而不可亲近的"高大上"事物。

对于参加翻转实验的老师们的辛苦和成果，陈浪都一一看在眼里。限于公办学校的体制，学校难以从物质上去激励他们，也没法给他们承诺什么，陈浪唯一能做的，就是为他们的专业发展提供支持。无论是平台、资源，还是发展机会，只要他们做翻转课堂需要，陈浪就尽量想办法提供给他们。在这方面，朱志刚老师绝对是感受最深的，为了支持他的专业发展，学校把连续若干次外出学习的机会都给了他。

对翻转实验老师们的支持，还体现在各种展示课上，只要有展示交流的机会，陈浪就尽可能安排翻转课堂实验老师们出面。毕竟，翻转课堂教学改革本身在成都、在西部乃至在全国都是有吸引力的，也更容易出彩。在这方面，北京四中网校也提供了很大的支持，带来了大量的展示课、研究课等活动机会，给人北中学提供了更加广阔的交流展示平台，成为老师们专业发展的强大推动力。

当被问及学校非翻转班的老师对此是否有微词时，陈浪说："我跟大家说得很清楚，只要你愿意做翻转课堂，机会就会给你，大家的机会都是平等的。你们愿意加入，随时欢迎。"

事实上，翻转课堂班老师们对"人北论坛"的热衷，愿望之一也是想在一定程度上打消老师们对翻转班的某些误解——这些误解当中，就包括对翻转班老师们积极表现的看不惯，对他们不计报酬、辛苦工作的冷嘲热讽，对他们多占据学校外出学习、展示交流机会的抱怨……

一年多下来，在翻转课堂教学改革的推动和影响下，学校的办学质量出现了飞跃式的提升。从陈浪那里得到的数据显示，提升之后，学校的成绩是：区域比较位于成都市金牛区前五，进入全区100名的学生有10人左右，进入前500名的学生有20人左右，进入前1 000名的学生有35人左右。年级成绩总排名已经进入全区前十名，实验班和年级成绩都大大提升。

教师们多次参加上级主管部门的各级示范课，参与兄弟学校教师团队的相互听课和学习，外出参加"国培计划"授课，远赴邛崃等多所"手拉手"学校献课，做专题经验交流发言等，这些活动，不断扩大了人北中学在成都市"北改"区域的影响力和辐射力。成都市教育局决定对人北中学加大投入，实施"北改"工程，在北部扩充一个人北校区建设，这更加增强了全校教职工的课改信心。

来自北京四中网校的强大推动力

人北中学的翻转课堂实验，来自北京四中网校的推动力不可或缺。网校除了策划组织大量的展示课、交流课活动来推动学校的实践进程外，还每天专门安排一名教研员对接人北中学，随时提供指导服务；只要学校有需求，立刻就会派出专业团队前来。而人北中学举办什么活动，需要支持，网校就马上派出支持队伍。

最令陈浪和人北中学的老师们感动的，还是网校支持服务团队的专业性。陈浪2015年8月份已经离开了人北中学，调到成都市另一所中学担任校长，但他回想起来，仍然十分感慨："我们的老师有时遇到问题，情绪急躁，说话不好听，他们受了委屈，也从来不会放在心上，始终是平心静气、主动积极地帮忙思考问题，耐心地给出各种解决方案的建议。"

学校当初组建实验班，要正式开展翻转课堂教学时，遇到的最大的问题是没有宽带。人北中学地处成都市老城改造区，周边就没有宽带，完全不具备开展信息技术支撑下的翻转课堂实验的条件。当时陈浪联系了区教育局，希望能从区教育局分出一条线路来支持学校，但是区教育局的带宽也很小。大家正着急时，正与大家一同加班的北京四中网校的老师提出了一个建议：不妨找找电信局。他们甚至表示，如果学校不方便跟电信局沟通协调，北京四中网校可以利用自己体制机制上的便利，帮忙出面联系。最终，按照北京四中网校老师的建议，陈浪顺利解决了带宽的问题。

北京四中网校领导高度重视人北中学这个合作伙伴的探索实践。有一次，北京四中网校高钧副校长到人北中学交流时，听了薛强老师的一堂翻转课，对人北中学的实践精神和所取得的进展感到非常欣慰，他当场提出建议，可以尝试常态化的翻转课堂，以对现有的教学产生更大影响。

说者无意，听者有心，"常态翻转课堂"这个概念倡导一种朴实的课堂教学，恰恰与学校和翻转沙龙当时的认识高度一致，被学校虚心接受。2015年下半年，学校积极搜集资源、协调时间，每天专门安排了前置学习的时间，在数学、物理两个学科开展了常态化的尝试。薛强老师为此还专门写了一份报告，阐述了自己的思考，提交给学校，后来又就这个主题制作了一个PPT，在"人北论坛"上进行分享。

2015年10月，成都市人北中学正式成为"北京四中数字校园合作学校示范基地"。"总之，我们与北京四中网校的合作，是非常有效、非常密切、非常深度的合作。虽然我现在已经离开人北中学了，但我还是要向北京四中网校表达一下谢意。"陈浪感慨万千地说。

教师教育观念改变案例

绝大多数教学改革，在校长引爆教改后，老师们都是在前线冲锋陷阵的勇士，翻转课堂也不例外。与之前的教改最大的不同是，由于翻转课堂强烈依赖信息技术，翻转课堂实践把青年教师推到了教改活动的最前方。

青年教师有活力，乐创新，敢闯，敢干，所以，相对来说，这样的一个群体是教改最佳人选。但与此同时，多数青年教师的孩子尚小，在孩子最需要自己陪伴的时间段，为了更好地完成教改任务，他们把更多的时间用于翻转课堂实践，给了自己的学生。

以马娟霞、史晓娜、李玲、李静为代表的洛阳河洛中学的翻转课堂实验班的老师们，以胡静、王洁、于芳为代表的烟台十四中的全体老师，以及以王帅帅为代表的烟台十一中翻转课堂实验班的老师们，为了学校的翻转课堂教改，为了学生们真正能够成为课堂的主人，在学习知识的同时，全方位提升自己各方面的能力，克服了重重困难：教改初期的不知所措、加班熬夜守在平台上进行二次备课的辛劳、教师权威被挑战、工作和生活的冲突……

如今，沐浴在新型的师生关系中，看着学生们的变化和成长，每位老师都是欣慰的。孜孜以求，必有所获，老师们感慨自己的付出是值得的。

"同学生一起成长"，经历了一段时间的教改，老师们自己的变化也显而易见。"之前6年的语文课，我是怎么坚持下来的？"马娟霞老师的吐槽代表了全体参与翻转课堂课改老师的心声。现在的他们，完全适应了从台前退到幕后的课堂引导者角色，认可这种借助信息技术、把学习主动权交给学生、让学生协作学习的教学方式，爱上了和学生亦师亦友的新型师生关系，他们逐渐理解了"00后"的精神世界，甚至能够对他们的偶像如数家珍。教学理念变化了，业务能力提升了，通过这次教改，老师们实现了不同程度的成长，实现了自己职业生涯的飞跃。

本书选择以洛阳河洛中学的马娟霞老师、烟台十四中的胡静和王洁老师、烟台十一中的王帅帅老师为主线叙述三个学校翻转课堂推进的过程，意在描绘以他们为代表的所有参与翻转课堂实践的老师们的"翻转"尝试,向全体在前线冲锋陷阵的勇士们致敬。

翻转课堂实践带来的老师教学理念变化、业务能力提升还集中体现在湘潭凤凰实验中学、成都大弯中学、柳州八中、天津大港二中等学校。

洛阳市河洛中学:新型师生关系在翻转课堂中应运而生

从一所 2003 年才成立的新建中学,到洛阳市"互联网+课改"联盟 8 所学校之一,语文老师马娟霞见证了洛阳市河洛中学开展翻转课堂后发生的"化学反应"。作为学校首批投入翻转课堂实验的老师之一,她也清醒地观察到,同样的化学反应如何在自己身上一步步发生。

"之前 6 年的语文课,我是怎么坚持下来的?"至今回想起来,作为河洛中学教改先锋之一的她仍感到有些不可思议。和她有同样感慨的,还有河洛中学参加翻转课堂实践的所有年轻教师。

翻转课堂突破教改瓶颈

马娟霞所供职的河洛中学,是洛阳市的一所新建校,一方面自身基础较差,另一方面四周名校云集,以致学校很难争取到好的生源。这样一所学校,当务之急是打造自身的品牌,而要快速形成品牌,必由之路是尽快提升自己的知名度。

几年前,校长蔡建民开始尝试在校内推动课改探索,全校摸索实践一年后,初步出炉了一套新教学模式,名为"'五四四'乐学课堂"。这套模式的核心理念,就是"知之者不如好知者,好知者不如乐知者"。学校对它的具体解释是:"以尊重学生学习主体地位为前提,以现代教育新技术为手段,以分组教学为基本形式,组织学生自主、合作、探究式学习,培养学生的自主学习、合作学习与实践创新能力,在自信与快乐中全面提升学生素质。"

马娟霞非常积极地投入了这场新模式的实验。在马娟霞看来,依据这套模式搞教学,确实比传统模式有进步。不过平心而论,这个模式还是有些问题的。"乐学课堂"的确激发了学生的学习兴趣,也融入了不少信息化教学手段,比过去的教学模式更适合培养学生的综合能力,但问题也很突出。

根据"五四四"模式的要求，整个教学过程要使用四种策略：学案导学、微课助学、合作互学、评价促学。为了微课助学，老师要录制微课。但学校录播设备不足，很多老师只得用自己的手机录制，付出了大量的精力，做出的课件却很简陋，而且不系统，难以满足实际教学需要。

同时，改革必然引起一连串效应。教学模式在革新，但学校的管理模式、评价机制仍然传统，矛盾连串凸显，学校和老师面临的每一个问题都沉重如山。时间走到2015年，资源建设、评价机制、管理方式"三座大山"阻路，改革承受着巨大压力，河洛中学的老师们无所适从。

这时，"翻转课堂"进入了他们的视线。北京四中网校的平台和资源让他们眼前一亮，基于之前的教改实践，产生了一种脑洞大开的快感：导入翻转课堂完全可以推翻他们头顶的"三座大山"。这一发现令他们欣喜若狂。

校长蔡建民当即决定，从当年秋季学期的初一新生中选取3个班，在语文、数学、英语三门学科开始试验翻转课堂，并挑选首批6名任课老师。5月份，马娟霞接到学校通知，让她准备一下，去翻转课堂实验班上语文课。

对于自己的入选，马娟霞其实有些预感，有之前教改的经验、有对教改的思考，再被委派参与尝试新课题，也在意料之中。不过，这次学校让她扮演的角色更加关键，除了要负责一个班级的语文翻转课堂的教学，还要作为协调人，协调翻转课堂的公开课与上机课。

这位年轻的语文老师，在学校的变革洪流中意外地成了一名"教改先锋"。按照正常的逻辑，她这次会高兴地再次迎接新挑战，并顺理成章地占据新机遇，积累新成长。但是，这次她抗拒了。

其实，能在学校之前的教改探索中勇于尝试，表明她并不排斥尝试新的教学方式。但这并不意味着她就不受其他因素干扰，而这种干扰有时会相当严重，是一场重大改革在为自己选择冲锋陷阵的斗士时，必须认真考虑的。

如同现代绝大多数职场人士一样，她以教师为职业，她爱学生，她愿意在这个职业上尝试新事物，但她也有自己的家庭。更关键的是，她的家庭在这个时候因一场意外事故而压力剧增，并且她的孩子还不满两周岁。对于一名比常人更感性的语文女老师来说，她刚刚为一场充满矛盾困难的改革冲锋陷阵、劳苦功高，这时陷入压力困境的家庭需要她去照顾，而在这关口，要她再次转移大量心神和精力，付出错过孩子成长的许多个瞬间的代价，去投入另一场新启的改革，再来一遍拓荒、冲锋的征程，确实让她不太情愿。

学校主管教学的副校长李玲做她的思想工作："课改带来的可能是时间、精力上的压力，但它既是一次挑战，也是一次机遇。作为信息化时代的年轻教师，应该主动抓住这次机遇。"

校长找她，她跟校长说："如果能不做，让我多带 2 个传统班也行。"

在学校领导强大的说服能力下，马娟霞终究还是同意接下了重任，努力振奋精神，再次披坚执锐，以"女武将"的姿态加入了这场直指"翻转课堂"的改革征途。和她一同面临这种抉择的还有初一（八）班英语老师李静和初一（七）班数学老师史晓娜等。

毫无疑问，接下来的这些老师的暑假，被翻转课堂教师培训和教学研究填满了。一系列的培训和教学研究是在北京四中网校专业引领下进行的。

终生难忘的第一节翻转课

9 月 1 日，河洛中学的翻转课堂实验大幕正式拉开。马娟霞"登台亮相"之前，课堂的集中分组和班建工作用了两周，推首节数学翻转课堂用了一周，马娟霞的语文课放在第四周，跟英语课同步推出。

这是她人生中的第一节翻转课堂。直到半年后，马娟霞回忆起来还说："实在是印象太深刻了。"

她清楚地记得，那堂课讲的是史铁生的短篇散文《秋天的怀念》。学生的课前自主学习结束后，晚上 6 点，马娟霞收到了所有学生的反馈，然后在电脑前整整坐了 4 个小时来研究学生的学情，以完成翻转课堂的二次备课。

然而，"没有头绪，跟之前设想的完全不一样。"坐在电脑前，马娟霞头大如斗。

《秋天的怀念》这篇散文，是史铁生对已故母亲的回忆，表现了史铁生对母亲深切的怀念。文章的主基调是怀念。马娟霞根据以前的教学经验设想，学生的反馈会集中在秋天，谈论哪些人物发生了什么样的故事，以及从中可以悟出什么样的道理。

但这回，事情完全不一样了。线上平台里，学生们提出了各种各样的疑问：文章最后为什么要描写菊花？他妈妈都那么生气了，为什么要忍着……

"我实在不知道如何应对。"马娟霞说。这些问题完全超出了她多年的语文教学经验，甚至超出了她作为一名成年人的正常思维。"从我们大人的角度来看，这些问题甚至有些幼稚，是我们从来没想过的。"

她自己研究的同时，也和北京四中网校的教研员进行了深刻的讨论。为了囊括学生们提出的五花八门的问题，思来想去，最终找到了一个关键词：菊花情。以菊花为依托，感悟作者对于母亲的情感。这堂课的学习目标也就定位于此。

坐了4个小时，终于设计出一个共性的问题，把学生所有的问题都串起来了，首个挑战破解成功，当时的马娟霞，欣喜溢于言表。

但是，问题接踵而来，挑战个没完。第二天的展示交流课又出问题了。

按照翻转课堂的设计，课上先分出10分钟，摆出学生自主学习中错误率比较高的3道测试题，组织学生自己上台讲解，然后再展开主题讨论。但马娟霞万万没想到，这3道测试题用光了整堂课45分钟时间，最后还没讲完。

问题出在现场组织和引导上。这堂课是学生的"首秀"，老师最重要的责任之一，就是鼓励学生走上台，催起他们足够的勇气与自信，勇敢地"翻转"自身角色，朝向众人包括听课老师，开口讲解试题。同时，学生上台讲题，老师还要"培训"他们，包括语言、姿态、步骤等。

即使马娟霞早先拥有"五四四"教改的经验，也没有考虑到，在一种全新的教学思想指导下，重建一种全新的教学和课堂结构，究竟需要集聚多少前所未有的条件和元素，而老师为此又必须做多少看似无关主题的"杂事"。为了完成这节展示交流课，马娟霞不得不另外安排一堂课来展开主题讨论环节。

马娟霞终于明白，相比学校以往尝试过的各种教学改革，翻转课堂这东西，真正的瓶颈在于老师自身。"原来我是课堂的主导者，现在要摇身一变，变成课堂的组织者和引导者。整个尝试过程，感觉自己被'绑'住了，手脚都不知往哪儿放。更重要的是找不到节奏，不知道这个时间点老师该不该说话，好像一夜之间就失去了对课堂的把握能力。"

而由此开始，课程进度的压力，对学生们的考试的担忧，以及学生在家自主学习引致家长焦虑等，则是一路而下，连串触发的"改革效应"。

对于首批投入改革的老师们来说，这些都是他们不得不踩的"坑"、不得不习惯的未来。相比之下，在一两堂课上所耗费的精力，倒并不那么重要了。

首次尝试翻转课堂，第一堂展示交流课，就这样在马娟霞的职业生涯里留下了让她终生难忘的印记。

日复一日、课复一课，在北京四中网校教研员的帮助下，马娟霞逐渐深入理解了翻转课堂，而且重新认识了学生的心理。她发现，自己其实不用担心学生的自主学习能力，他们其实很喜欢这种学习方式。在她的引导下，学生们也逐渐明白，哪些才是自主学习和主题讨论的重点。

马娟霞甚至总结出了一些适用于翻转课堂的新教学方法。这些新方法当中的一个是：可以组织学生先在小组内消化自己的问题，然后每组提出一个本组讨论无法解决的问题，由于全班分成6个小组，展示交流课上就可以集中讨论这6个问题，"有时还会发生各小组提出的问题重叠的情况，那么实际要讨论的问题会少于6个"。

更多的方法，其实总结起来无非是：引领学生主动、自由、快乐、有效地学习，包括创设和谐进取的课堂氛围，为学生参与课堂提供一切可能；因材施教，加强指导，提高学生课堂参与效率；加强交流、合作，培养学生良好的学习品质；等等。

翻转课堂塑造新型师生关系

当马娟霞感到越来越得心应手时，她完全没想到的另一种尴尬出现在她的课堂上。有学生在课堂上问她："老师，你喜欢权志龙吗？"

权志龙是谁？完全没听说过！马娟霞都懵了。"如果回答不喜欢，学生肯定不高兴。如果说喜欢，学生肯定会追问喜欢什么。"

如果她能掏出手机查一下，就会知道，这是一名韩国新生代歌手，或许还能马上将其与"韩流"和学生心理问题联系起来，甚至迅速在心中立下某个计划，以后要多关注这个年龄群体所喜好的流行文化。可惜当时的场景不允许她如此"作弊"，一霎时的无言以对之后，她只能满怀歉意地对那位学生说："老师不太了解，回去研究一下再跟你交流。"

这样的回应当然不太理想，或许还因此而失去了一次机会，没能跟学生们形成更加精妙深入的互动。不过，这也无可奈何。既然翻转课堂解放了学生们年轻的心，那么老师偶尔被加以这种尴尬，也是理所当然的。在纷繁复杂的现代社会，这种不同年龄层间的文化隔膜，看上去也不是老师想超越就超越的。

马娟霞放下了纠结，自然处之。一次尴尬，两次尴尬，三次尴尬……次数多了，她的心态也逐渐平和了。

几个月后的一次家长会上，一位家长告诉马娟霞：孩子在新课堂上一个月举手的次数，比他整个小学六年都多。

马娟霞很开心，与她一起的几位翻转课堂老师也都很开心。不仅因为他们跟马娟霞一样，重新找回了对课堂节奏的把握，也因为在这一得一失之间，又渡过种种奇怪的尴尬，看见一个个学生脱胎换骨，他们获得了职业境界的提升，这是他们克服各自的困难、投入一场全新改革以来，自然收获的"福利"。

但无论如何，学生们五花八门的提问，对马娟霞也是一种牵引。半主动半被动地，她对"00后"的喜好、口头禅这些东西越来越熟悉了。

在这个过程中，她逐渐破除了心中过去对于老师权威的狭隘观念。"理性的权威"，这是她为自己找的新角色。

她努力建立一种师生平等的关系，在这拉平的关系里，课堂如论坛，而她当论坛"首席"，以自己的知识和人格魅力去引领和引导孩子们的好奇、青春与成长。

她的努力，集中体现在一次叫"给老师找茬"的游戏中。

某堂展示交流课，主题讨论结束后，马娟霞看看时间，还剩下几分钟，就跟孩子们说："我们来玩游戏吧，你们来给我找茬，找找我有什么毛病。"

学生A："老师，你总是拖堂。"

学生B："老师，你的脾气有点急。"

……

若是过去的马娟霞在此，这些说话的都是胆大包天。但这里是翻转课堂。

马娟霞对学生们说："拖堂是老师的不对。""下次老师再着急，可以提醒一下我。"……

第二天的语文课，下课铃响起时，马娟霞还有几句话没讲完，但她强迫自己停下了嘴，果断宣布下课。

回忆起这一幕，马娟霞说出的话与她本人一样，宽容、温和而坚定："老师的行为会影响学生，我一定要以身作则。"

老师和学生共成长

一学期之后的河洛中学，被所有人注视着的初一翻转课堂实验班，学生的成长超出了预料——在学习方法上，他们掌握了圈点勾画、色笔区分、批语批注等预习方法；在语言表达上，他们甚至强于传统课堂初三的学生；在学习习惯上，他们更加自律。老师的成长也超出了自己的期望，他们思维的触角延伸得越来越广，研究得越来越深。课本上的课文一如既往，何其芳的《秋天》还是那一篇，马娟霞过去的教学，无非在课上简单分析一下它的修辞和意境，但是课堂"翻转"后，她静下心去查找了何其芳的经历、作品的特点，并深入思考了《秋天》为什么能够作为他的代表作收录在语文课本中——这样深入的二次备课，是她如今的常态。

不知从哪一天开始，马娟霞和她的实验班同事们突然发现，自己的思维都变了，他们不再如过去那样，重点关注自己教了多少知识，而是重点关注学生获得了什么能力。

全校师生都在羡慕他们。很多学生因为没能进入翻转课堂实验班而遗憾；而看着翻转课堂做得热火朝天，一位年龄较大的教师对马娟霞说："天天看着你们在做翻转，感觉我们老教师都要被时代淘汰了。"

不过，这时，另一种意想不到的尴尬又降临到马娟霞他们头上。时至期末，要上期末复习课，学校安排按照传统课堂模式来上。已经很不适应的马娟霞，对着同样很不适应的全班学生，勉强讲完一节课，默默地在心里吐槽：天呀，这一课，学生掌握到什么程度完全不知道，之前6年的语文课，我是怎么坚持下来的？

但实验班的期末考试成绩还是获得了巨大成功。2016年3月2日，上百位老师汇聚河洛中学，观摩这所洛阳市"互联网+课改"联盟学校新学期的翻转课堂公开课，这些老师不仅有来自河南本省的，还有来自天津、河北、山东、安徽、苏州、成都等。课后，来访老师们的讨论、赞叹声不绝于耳。这所新建中学终于如愿获得了它急需的知名度和荣誉，老师们也与有荣焉。

公开课后，马娟霞给孩子们布置了日记，主题是"公开课的感悟"。一名学生写道："看到那么多老师，我笑了。我不知道为什么笑，但我觉得那是一种自信的笑。"

"孩子们能写出这样的语言，说明他们内心是真正自信的。我真的很欣慰。"马娟霞说。

烟台十四中：新教改　新气象

"面对一茬不如一茬的生源，我们很气愤，也很委屈，因为付出和收益明显不成正比。老师们付出了那么多，得到的却是社会的不认可，甚至是看不起。"烟台十四中是一所普通中学，生源质量相对较差，2012年之前，这是学校老师们的心声。

2014年以后，烟台十四中不仅被《中国教育报》《山东教育报》《烟台晚报》《烟台日报》等媒体争相报道，还吸引了山东省内外200余所学校前来参观学习，老师们以自己是烟台十四中教师团队中的一员而骄傲。

短短几年时间，学生的收获，教师的成长，学校的发展，一切的变化都源于课改。

老师的付出与收益不成正比催生学校教改

2010年，烟台十四中组织老师考察北京、江苏、河北等地名校和山东潍坊、聊城等地的省内名校。经过多次调研，他们发现，老师的付出与收益并不成正比的原因主要在于：老师在教育教学方式上以灌输为主，忽视学生的能力培养，缺乏情感激发，不能面向全体，没有激励评价机制，学生缺乏自主学习、自主管理的能力和主动参与的空间。与此同时，学生一直是被动接受，课前不预习，课上不参与，课后疲于应付作业，成了接受性学习的牺牲品，学习效益低下。

结合本校学生的优势和劣势，重新学习教育心理学和教育大家的专著，从理论上找依据，从实践中总结经验教训，烟台十四中研发出适合本校学生特点的"三制四段五步"高效课堂教学模式。

"三制"是导师制（教师变讲师为导师）、班组制（变班级管理为班级和小组管理）、学分制（变学生考试成绩的单一评价为与平日上课过程中学分评价相结合）。"四段"是针对课前、课堂和课后分为"课前预习、上课展示、教师点拨、及时巩固"。"五步"是把课堂流程分为"温故知新、复习检测""激情导入、目标解读""小组合作、交流展示""教师点拨、拓展训练""巩固检测、布置作业"。

课改的第一项要务就是编制导学案，这也成为课改成功与否的关键。所谓导学案，就是指导学生自主学习、主动参与、合作探究的学习方案，是教师用以帮助学生掌握教材内容、培养学生自主学习、建构知识能力的重要载体。对学生来说，导学案课前是预习提纲，课上是学习笔记，课后是积累本。

但是随着教改的逐渐深入，老师们发现，导学案在实践中存在不少问题。其中，最突出的就是导学案的有效利用问题。烟台十四中是非寄宿制学校，学生晚上在家根据导学案的导学部分，进行新知识的自主预习。因为学生学习水平和认知能力整体较弱，很多学生把书从头看到尾也看不出什么所以然。离开了老师的点拨和指导，学生只能将课本上的知识死搬硬套，导学案做完后，对知识的理解还是比较肤浅。

为了适应学生这样的自主学习能力，老师们只好把基础的知识点编进导学案基础案，对于知识应用部分，拓展案则根据不同学生的学习水平分层布置作业。这就直接导致在导学案的预习过程中，还有 C 层甚至 B 层的学生不能熟练掌握、应用基础知识，更不用说重点或难点题目，因此，在课堂合作探究环节，不得不占用一定的时间解决这类学生的问题。

高效课堂实施遇到了瓶颈性问题，课堂重新陷入"好学生吃不饱，差学生吃不好"的怪圈。

新校长接过教改接力棒

正在大家为如何解决这样的瓶颈问题而万分苦恼时，换校长的消息不胫而走。老师们都在心里嘀咕：新课改还能继续推广下去吗？得知新校长是烟台十二中的李元福时，大家长长地松了一口气。因为早在 2008 年，他就在烟台十二中推出了"课堂导学、小组合作"教育教学模式改革，是一位颇具探索精神的校长。

不负众望，2013 年 8 月，李元福接过"三制四段五步"高效课堂教学模式的接力棒，带领大家攻克它的瓶颈问题。

李元福提出，可以把微课和导学案有机整合，实行翻转课堂，以先进的教育技术为辅助实现学生更好的自主学习。

"翻转课堂对我们来说还是个新鲜事物，如何翻转，如何制作微课，如何建设网络平台，一系列问题摆在我们面前。"李元福亲自率领教务主任以及物理和数学组的老师到青岛参加黎加厚教授主讲的"翻转课堂"全国研讨会，王洁是其中一员。"通过学习，我们基本上了解了翻转课堂的渊源和理念，掌握了翻转的流程。随后，部分老师开始尝试自己做微课。"

在烟台十四中老师刚刚摸到翻转课堂这只大象的一条腿的情况下，要完全靠自建来给每个导学案都配上一个高质量的微课帮助学生自主学习，走弯路毋庸置疑，改革的步伐也会大幅减慢。

这时，北京四中网校的学习平台成为他们最好的选择。因为在那里，不仅有大量的微课资源、习题、课件，供老师从中选择，每个微课后面还紧跟在线检测题，学生做完后立刻就能显示出反映学生对知识掌握情况的统计数据，包括任务完成比率、每组学生学习时间和作答内容的详细情况、每道题的正确率和每位同学对每道题的作答情况。

这样的资源和平台功能犹如雪中送炭，让以胡静、王洁为代表的老师们在欣喜之余，义无反顾地投入平台的使用操作中去。烟台十四中的教学也因此发生了这样的变化：

以胡静讲授初一上册的"从三个方向看物体的形状"一课为例。学习目标在知识方面主要集中在三个方面：会画简单物体的三视图（有实物）；根据从上面看的图形及标注的层面数画从正面和左面看的图形（没有实物）；已知三个视图，求摆成几何体的小正方体的个数。显然，难点是知识点二和知识三。

编制导学案时，以前在基础案部分只能编入基础知识，对于什么是三视图，在基础检测部分只能是把简单物体的图形画上，然后把它的三视图通过选择题的方式呈现。由于学生只掌握了它的皮毛，大部分知识都需要老师在课堂探究部分重新引导传授，进而导致课堂探究只能进行到第二个知识点，第三个知识点只是稍作点拨，因为课堂上没有那么多时间。

现在，胡静把画简单物体的三视图也编入了基础案部分，把知识点二和知识三作为拓展案的探究部分，准备了大量的题目让学生进行课堂探究。因为有北京四中网校微课的帮助，北京四中一线名师对知识的讲解更加透彻、条理性更强，更能让学生抓住知识的重点，学生的自主学习能力得到提升，课前，大部分学生都已经学会了画简单物体的三视图，所以，课堂上，老师只针对个别同学出现的问题进行纠错即可，有了足够的时间对重难点进行拓展提升。

此外，老师从台前退到幕后，只需要在课上为学生提供模具，做适当的点拨即可，学生通过在课堂上动手操作、小组合作、自己展示点评、总结规律和方法，大大提高了学生学习的积极性。不仅学生的学习效果非常好，而且还大大提高了课堂效率。

不得不说，在翻转课堂中，导学案与微课有效地结合，导学案起到引领的作用，而微课则起到了支撑的作用。以"导学案"作为学习的导引，创设问题情景，以诱发学生思考，使其在认知上出现新的"冲突"，促使学生为解决"冲突"

而自控性地选择学习北京四中网校的微课，形成新的认知结构，学生课前的预习有效而且高效地发生了，为课上的翻转做好准备。这样，导学案更具时效性，也更适合翻转课堂的设计需求。可以说，利用"微课"和"导学案"两个重要抓手，帮助学生合理把握课前、课中、课后学习的方向。

从 2010 年萌生课改的想法开始，至此，烟台十四中已经有了比较成熟、高效的翻转课堂。学校不仅吸引了省内外多所学校到校参观学习，还为省内外多所学校的校长和老师提供"影子培训"。

但他们并没有就此止步，尤其是物理组的老师们，又给自己确定了新目标——有所突破，再创新高。

正当胡静、王洁等老师苦苦思索如何突破时，北京四中网校提出的"三翻二段十环节"的教学模式让他们豁然开朗。"原来我们一直没走出两个误区"，王洁发现，虽然他们在教学形式上有了很大的改观，但所做的工作还是围着"教"而做，并没有真正体现"学"。传统课堂中"教"的载体是教材和知识，而新课改理念下"教"的载体是学生"学习的过程本身"，后者才能真正做到关注学生。只有扭转了对教的内涵的理解，才能重新闯出一片新天地。

与此同时，评价方式还是以分数的形式呈现，比较单一，缺乏持久的吸引力。在北京四中网校教研员的帮助下，把对学生的分层改成对学习任务的分层，不对学生有负面的评价，也是对学生人格的尊重。因此，在备课时，要明晰评价的明细，比如对某个概念的理解，可以建立"理解很透彻""把握基本到位""稍微有点偏差""基本不懂"四个评价等级，这种评价方式要比分数更具体、客观，对学生的后续认知也有一定的帮助。

在此发现的基础上，学校又及时调整了"三制四段五步"教学模式。"三制"继续保留。"四段"调整为课前两段——学案导学、微课助推，课堂两段——合作释疑、教师点拨。"五步"中，把第三步的"小组合作、交流展示"改为"交流展示、学生点评"，把第五步的"巩固检测、布置作业"改为"总结评价、布置作业"。

看似小小的改动，实际上却在教学中插入了两次评价，体现了对评价方式的重新定位。学校的高效课堂教学模式得到进一步完善。

教改让学校、教师、学生三方受益

经过几年坚持不懈的教改，现在，烟台十四中初中部和高中部的 42 个班级实行翻转课堂，给学校带来了翻天覆地的变化。李元福感慨：收获的是学生，成长的是教师，发展的是学校。

学校高中部有一名叫戴熙吉的学生，刚进校时，特别胆小、内向，每次到办公室问个问题都得找一个人一起给他壮胆。课改后，大方、自然的神态，清楚、准确的讲解，敏锐、缜密的思维，大胆的质疑，自信的辩论，恰到好处的补充……很难把课堂上光芒四射的戴熙吉和曾经那个羞涩的"他"联系在一起。

"我的课堂我做主"，以北京四中网校为代表的信息手段助推了课改，让学生的灵性与自由充分发挥出来，个性得以充分张扬，潜在能力得以充分释放，学生的各项能力与思想素质得到全面发展和提高。

教师也得以迅速成长，在线教学平台和信息化手段解决了以前教师靠人工很难解决的快速统计分析和反馈问题。教师的教学理念发生了根本改变，师生角色转变，教师从台前走到幕后，把课堂真正还给学生，给学生自主发展的空间。进行了教学方式的重组，依托科学规范的流程、模式，保证个性化学习的实施。现在烟台十四中的老师神采飞扬，先后有老师的课在国家、省、市、区各个级别获奖，有的老师还承担了省级研究课题。

因为北京四中网校及信息化手段的助推，烟台十四中走在全区乃至全市的教改前沿，被山东省确立为"翻转课堂和微课程开发实验基地"。先后有来自全国各地 200 余所学校参观学习，新闻媒体也多次对学校的教改进行了长篇报道，在社会上产生了广泛的影响。报考人数大幅提高，生源质量显著提高，烟台十四中的发展进入良性循环。

"虽然取得了突出的成绩，但有一些问题还需进一步探讨和解决，例如，如何处理好继承和创新的关系，如何处理好课堂上动和静的关系，如何处理好面向全体和拔尖促优的关系，如何处理好小组讨论和点评实效性的问题，如何处理好学科特色和学科深度的问题，如何处理好学生自主和课堂容量的问题，等等。"居安思危，在成绩面前，校长李元福的反思让人坚信，烟台十四中在未来的教改路上还会取得更好的成绩。

烟台十一中：在翻转课堂和传统课堂之间"穿越"

王帅帅是烟台十一中初一年级翻转班的语文老师。从 2015 年 9 月开始到现在，因为既做翻转班的语文老师，又兼任着传统班的语文老师和班主任，她不断地体味着翻转课堂对传统教学模式的冲击，以及翻转课堂给学生和老师带来的变化。每天都在两种完全不同的教学模式中"穿越"，王帅帅有些凌乱，但有一点她非常确信——翻转课堂是未来教学的发展趋势。

用两种完全不同的教学模式给学生上课

2015年12月7日，王帅帅早早地来到学校，先到自己所带的传统班转了一圈，然后回到办公室开始做课前准备。她今天要给翻转班和传统班讲《皇帝的新装》。

昨天，王帅帅已经给翻转班的学生推送了微课《皇帝的新装》，并推送了两道基础性选择题、一个课件性质的导学案和一道讨论题。晚上8:30，收到学生的反馈后，她进行二次备课，对学生的反馈进行了分析，确定了第二天要讨论的内容。同样的，昨天她也给传统班的学生布置了预习作业。

在传统班课堂上，王帅帅先带领学生们分角色朗读《皇帝的新装》，然后请一名同学来简单概括文章讲了一个什么样的故事，并请同学们围绕文章的核心"新装"，按照时间的顺序把文章分为五个部分。最后布置一些课后思考题，如故事中的"新装"存在吗？故事中出现了皇帝、老大臣、官员、骑士、骗子、百姓、小孩等人物，面对根本不存在的"新装"，谁在说假话？为什么他们都说假话而不敢说真话呢？……第二课时讨论这些问题，并总结文章主题。

翻转班的课堂则完全是另外一番场景：48名学生被分成了6个小组，8个人围坐在一起，他们手持Pad，随着王帅帅的引导，在学习平台上操作。昨天推送的选择题中，王帅帅发现有一道错误率比较高："《皇帝的新装》一文讽刺的对象是（ ）A. 皇帝　B. 皇帝和他的大臣　C. 大臣和贵族　D. 所有爱慕虚荣的人"，她先请两名学生上台阐述自己理由，并做了引导分析，花了大概十多分钟的时间。

《皇帝的新装》推送的讨论题是选取其中一个问题表达自己的观点，多数同学选择的都是第二题："从道理上讲，骗子总是可憎的，被骗的人总是被人同情的。皇帝和大臣们都被骗子欺骗了，你是不是对他们寄予同情？为什么？从这幕丑剧中，我们得到的教训是什么？"在随后的半小时中，大家不仅讨论了这道讨论题，还交流了对"皇帝、大臣、骗子、小孩"四个形象的理解。

由于学生们昨天在平台上不仅提交了自己的观点,还观摩了其他同学的答案,大受启发,加上自己的二次思考,所以在讨论环节,大家争先恐后发言,课堂气氛活跃,一度达到讨论的高潮,其中的一些观点更是出乎王帅帅的意料。最后,王帅帅给学生们布置了小练笔——续写《皇帝的新装》。

学生郭君涵在作业中写道:

"他并没有穿什么衣服啊!""这大冬天的还不穿衣服,这皇帝真蠢!"皇帝听着这一声声的话语,心中仿佛被一只无形的大手捏住了似的,心里十分难受。但是为了维护自己的尊严,只能摆出一副更骄傲的神气。而他的大臣们,此刻也觉得自己简直和一只猴子在表演杂技被人围观没什么两样,脸上火辣辣的疼。皇上回宫后,龙颜大怒,命人去追杀那两个骗子,可是他们早就逃之夭夭了。皇上没办法,只得派人杀了那个小孩的一家,来维护自己的尊严。百姓们看到这样的皇帝,早就逃到邻国去了,渐渐地,皇帝手下的士兵也坐不住了。而皇帝呢?每天还是穿着自己的新衣服。终于有一天,邻国的国王来攻打这片土地,皇帝一身漂亮的新装上阵了,他一声令下,没有一个人上前打仗,因为早就逃到邻国去了。而反观邻国,当军队驻守时,如同山岳一样,随时做好投入战斗的准备。至于打仗的时候,就更不用说。最终,战场上只剩下了皇帝漂亮的新衣服在战场上飘荡着。

学生们的课后续写让王帅帅十分惊喜,尤其是郭君涵同学的,短短几百字的续写中,不仅有好几个好句,最后一句话更是棒极了,好像电影最后的定格镜头,让人深思。王帅帅在点评中写道:一步步的铺垫非常恰当,让故事的发展既在情理之中,又在人们的意料之外,非常棒,简直让我看到了未来的大作家的影子!

两种教学模式　学生活跃度相距甚远

同样的学习内容,用不同的教学手段和教学模式呈献给学生,王帅帅明显感到学生的活跃度相距甚远。在传统班,以老师为主,更多的是老师讲,学生听,老师提问,学生回答。除个别学生积极回答问题外,多数学生需要老师引导、激励才会站起来发言。

但在翻转班,沐浴在自由的上课氛围中,因为有了前期的自主学习和思考,学生们会积极主动地举手表达自己的观点,思维活跃,加上之前在平台上答题的同时还借鉴了其他同学的答案,所以思考更全面、更深入。"对于同一个问题,如果传统班的学生能给出 3 个方面的回答，那么，翻转班的学生至少能给出 6 个方面的回答。"

王帅帅每天都在翻转班和传统班两种完全不同的教学模式中"穿越"，不止一次地感慨，区别实在是太大了，传统的教学流程被颠覆，翻转课堂强调先学后教，课前推送任务，包括微视频、课件形式的导学案、有针对性的讨论题等，让学生们在课前观看，进行初步学习。课堂上，则用一部分时间来和学生交流微课上学习的知识，答疑解惑，剩下的更多时间是把知识延伸出去，展开深层次的、多角度的探讨，让学生有更高层次的收获。

"翻转课堂给课堂带来的最大的变化，莫过于课堂教学的主要形式从教师单方面的教变成了师生、生生交流互动。它一定是未来教学的发展趋势。"虽然越来越确信这一点，但王帅帅心里十分清楚，教学改革并非一蹴而就的，要想真正触动、改革全校的传统教学模式，他们这些教改先锋们还有很长的路要走。

接受穿梭于两种教学模式之间的现状不等于安于这样的现状，王帅帅已经尝试着把向翻转班学生推送的内容通过家长群的方式发给传统班学生，在现有条件下，尽最大努力创造更多的机会，为学生营造自主学习、勤于思考的氛围，缩短传统班和翻转班学生之间的差距。

从惶恐不安到驾轻就熟　在翻转课堂探索路上成长

虽然现在的王帅帅已经逐渐适应了翻转教学模式，并摸索出了一套教学方法，但是在 2015 年 9 月刚刚接受校长交付的这项任务时，心情可没那么轻松。

早在 2014 年，烟台十一中就开始了初一年级数学课的翻转课堂尝试，当时王帅帅正在带初二年级的语文。因为隔着年级，又跨学科，对于翻转课堂课改，她只是听说而已。所以当这样的课改重任真正落在自己头上时，她的第一反应是无从下手，心里有很多疑问与担心：班里的网络不行，Pad 连不上网，无法操作；学生不知如何操作 Pad；学生上台表达自己观点，因为紧张而毫无逻辑……第一堂翻转课完全是在手忙脚乱中进行，最终以没有完成教学任务而收尾。

正不知所措时，学校组织老师去北京五十六中参观学习。北京五十六中是北京四中网校翻转课堂的课改实验基地，在北京五十六中看到的成熟的翻转课堂教学模式给王帅帅带来很大的震动，也给她带来很多的启发。原来，教学活动可以这样设计；原来，可以这样组织学习小组的讨论；原来，二次备课可以以这样一个主题引导学生去讨论；原来，学生经过翻转课堂的训练，表达能力、归纳总结能力可以这样强……

借鉴北京五十六中老师的做法，王帅帅回到学校也开始与北京四中网校合作，利用网校的在线教学平台、丰富的教学资源，并与网校的教研员充分交流，继续尝试翻转课堂的探索，逐渐摸索到了翻转课堂的门道，并一点一点克服了翻转课堂教学中遇到的问题。

在推进翻转课堂的过程中，王帅帅发现翻转课堂需要学生有较高的自觉性。对于那些自觉利用视频学习的学生来说，可以养成良好的自主学习习惯。而对于自觉性不强的学生来说，课下自己不学，课上进度又快，很容易出现学习脱节的现象。一定要杜绝这种情况发生，否则，好学生会越来越好，差学生会越来越差。

针对这一问题，王帅帅坚持每次推送网上学习任务时都认真挑选，挑选北京四中老师所讲授的微课，名师讲授的微课更精彩，更吸引学生；同时，利用在线教学平台及时反馈每个学生完成的成果，对做的符合要求的学生积极鼓励、大力表扬，对没做的或者没按要求做的学生也不批评，及时善意提醒，让他们知道老师在时时关注。

经过一段时间的坚持，学生们敷衍网上作业的情况有所改善，他们从自主学习中发现了乐趣，越来越认可这种新的教学模式。

王帅帅还发现，相比较其他学科的二次备课，语文课的二次备课对老师的挑战更大，因为课前推送的题目不仅有选择题和填空题，还有大量的讨论题，以及小练笔。全班近50名学生，二三十字的讨论，两三百字的小练笔，老师看学生的讨论题和小练笔要花费非常长的时间。这也就导致老师二次备课的时间不好处理。

刚开始，王帅帅布置小练笔作业后只要求学生晚上上传到网上，没有对时间作明确要求。结果发现晚上8点只有13人上传了作业，其余同学都是8点之后才上传的，还有3人拖到了10点以后。她对这些作业进行点评、挑选，完成整个二次备课过程要到11：30。

随后，王帅帅做出了相应的调整，要求学生必须在8：30之前提交作业，这样，基本上10点左右就可以完成二次备课和点评了。

2015年10月，为了进一步推进翻转课堂的有效实施，提升课堂教学效益和学生学习质量，烟台十一中专门举行了青年教师赛课活动，探究、尝试、践行翻转课堂理念。在为教师们搭建一个自我展示的平台的同时，调动教师们不断学习、共同提高的积极性。学校用行动让教师们体会到，传统课堂以一个统一的标准，对孩子一刀切，接受快的学生可能学完之后无事可做，而接受慢的学生可能学得并不透彻。翻转课堂可以让学得快的学生有事可干，在平台上进行知识的深度延伸和拓展，并有所提升；也可以让学得慢的学生通过自主学习、多次回顾来更好地学习。在学校的重视和支持下，烟台十一中掀起了一阵"翻转风"。

吹着这阵"翻转风"，沉浸于翻转课堂实践中，王帅帅最深刻的体会是，它比传统课堂的时效性更强。以写作为例，虽然传统班和翻转班都是把写作安排在课后做，但翻转班的写作作业上传后，老师可以及时地在平台上跟学生互动，指出其中的问题，同时，同学之间也就各自的作文和写作观点进行交流和建议，交流中会有很多思想的碰撞和新观点的闪现，为同学们的写作思路提供更多的观察视角。在平台上，学生们更容易形成一种积极的"攀比"，这也来源于互联网中大家追求被关注和集赞网络文化。如果你的作文没有被更多的同学和老师认可，你就会去更努力地思考和认真地写作，从而获得大家对你的认可和好评。学生的积极性自然被调动起来。而在传统班，只能收上作业、老师批改之后再返给学生，时效性差了很多，同学间的交流更无从做起。作为老师应该是在学生的写作思路很清晰的时候跟他交流，还是在他几乎已经忘了再交流的效果更好呢？答案不言而喻。

看着学生们的自主学习能力、表达能力飞速提升，王帅帅很欣慰。她现在越来越喜欢这种师生间的头脑风暴，同时也热切期盼着翻转课堂这种教学方式能早日在全校大范围推广，结束自己的"穿越"生活。

教师教学模式改变案例

对于翻转课堂，教学模式是它的核心。对于学校来说，教学模式是它最重要的闪光点之一。而在当前的教育体制下，对于老师来说，教学模式则在一定程度上承载和代表着他们的教育理想。

教学模式并非简单的公式或者理论，它在教学实践中会贯注老师本人的思想与个性，并呈现出不同的面貌。同样一套模式，同样的流程，同样的设计，同样的学生，在不同的老师手里，会教出不同的"气质"来。而一位老师的教学设计，对于另一位老师来说，或许很快就能接受，或许接受起来就很困难。只因为，老师是有灵魂的，教学是有温度的。在新疆库尔勒三中、烟台十三中、天津分校的老师们身上，我们清楚地看到了这一点。

同样的景象，我们在庆阳第二中学、烟台十四中、湘潭益智中学、赣州厚德外国语学校、成都市新都区第二中学等学校那里，也可以看到。

翻转课堂提供了一个足够宽广的空间和平台，让不同的老师都能利用其中的思想、课程、技术资源，创造属于自己的教学故事。它之所以广受欢迎，很大程度上是因为它绝不会限制老师的个性施展，反而鼓励老师的创意和设计。或许可以说，在某种程度上，翻转课堂本身就是应广大教师的本心呼唤而被创造出来，并在北京四中网校这样的教改先锋手中得以发扬光大。

而这也是教育的魅力和伟大之所在。

新疆库尔勒三中：被新模式"盘活"的老师与课堂

新疆库尔勒市第三中学的老师们曾有一套旧的教学模式，是本校提出的"导学案＋121 和谐增效"模式，他们将其简称为"121 高效课堂"。自从 2015 年 8 月学校开始实验"翻转课堂"后，一个学期下来，只要是参与实验的老师，都喜欢上了新的翻转课堂教学模式。因为无论是课堂效率，还是学生的自主学习能力、探究能力……用翻转课堂模式教出来的效果，都比过去明显高出一截。

说起来，单看表面的话，学校原来的"121高效课堂"模式倒是跟翻转课堂有些共同点，比如：两者都有前置作业，都注重教师的"精点拨"，都强调学生的自主学习、合作探究能力，都强调要培养学生发现问题、解决问题的能力……两者粗看似乎差不多。但对于实际承担教学任务的老师们来说，一种模式真正用起来，好不好用，实际效果如何，那是如鱼饮水，冷暖自知。

万晓英的困惑

万晓英是学校生物课骨干老师，多年以来，她都是这样给学生上"降低化学反应活化能的酶"一课：

下午放学前，给学生发一张纸，这是本课的预习学案，内容一般包括填空及检测、知识框架图填充，让学生晚上回家自主预习，并说明将要上课的时间。第二天中午放学时，把预习学案收上来，进行批阅。

这是旧模式的课前任务环节，看起来很简单，但这第一步万晓英就遇到了大问题。收预习学案时，收上来一堆雷同卷；批阅时，她完全看不出学生到底掌握到了什么程度、具体掌握了哪些知识点。无奈之下，她只好在备课时耗费大量心力和时间，备得面面俱到。

到正式上课时间了，她需要首先花2分钟来讲一遍斯帕兰扎尼的鹰消化实验，引入正课，说明生物体内的化学反应都需要酶的参加。随后用15分钟来做个实验，探讨酶的作用和实验变量的控制，再用8分钟来讲解酶的作用原理。接下来是学生自行阅读时间，给学生10分钟去阅读课本的相关内容，总结酶的本质发现过程，以及酶的本质。她再用6分钟给大家归纳酶的定义、作用位置、产生位置以及基本单位。最后还剩4分钟，她会进行一次当堂检测。

看上去井然有序的一堂课上完了。大概没有人会想到，万晓英其实完全不清楚学生到底掌握得如何，即使最后4分钟安排了当堂检测，比如发张卷子当堂做一下，其实也只是尽人事、听天命，传统的检测手段难以锁定她想要的指标数据。整堂课，重点、难点该怎么设计，没有直观准确的指标作依据，全凭她的个人经验。

课下，她还要布置练习题，但这个环节的实际作用，其实一般也就是随手"打个补丁"而已。即使不提雷同卷的问题，学生的正答率也很低。万晓英统计过，这个数字一般在20%上下，很难看的数字。按照模式设计，她这时应该针对这些习题进行一次讲解，但在实际教学中，由于课时紧张，一般这时都已经排不出时间来了，只得作罢。

期待改变

其实万晓英知道，她的同事们，朱心怡、邢慧敏、吴霞、郁化娥、王睿、明凤香、张涛、井立龙、井立凤……平时在语文、数学、英语、化学等其他学科的教学中，能够把这套传统模式执行到的程度，多数也不过如此了。大家都是凭经验上课，都感觉学生厌学、怕学，但一直都找不到好的解决办法。

说起来，教师也是职业人，职业倦怠也是有的。有时候，教学模式就是他们教育理想的化身，当这个模式显得狭窄、无力时，教学与课堂本身也变得沉闷乏味。眼看学生厌学，他们自己也提不起劲来。万晓英他们，其实或多或少也都有这样的情况。

时间波澜不惊地走到2015年，7月的库尔勒市，笼罩在塔里木盆地的酷暑之中，一切都在打蔫。寂静的三中校园里，刚刚送走一届高三毕业生的万晓英，离开办公桌，推开了办公室的窗户，仿佛想招揽不知何方的一丝凉风。

突然，电话铃响起。她回身拿起电话，是校办打来的，电话里通知她，过几天，学校会邀请北京四中网校和北京五十六中的翻转课堂专家老师来学校，对全体老师进行培训，是集中培训，届时务必参加。

放下电话，她又走到窗前。这会儿似乎没那么热了，空气里似乎多了一丝清凉。"他们一定也接到了电话，都会参加的吧？"她想道。

接下来的日子里，与翻转课堂相关的培训接踵而来。学校还组织全体老师上中国大学MOOC网站，学习北京大学教授汪琼主讲的《翻转课堂教学法》，从理论上对翻转课堂进行系统学习。万晓英学得非常用心，结业时还拿到了优秀证书。

新学期开学了。不出意外地，万晓英成为学校首批参与"翻转课堂"教学模式改革的骨干教师之一，新一届高一的生物课，分给她4个班。

崭新的教学生活方式

又到了"降低化学反应活化能的酶"这一课。这么多年来，按照学校的教学模式设计要求，这堂课一步一步该怎么上，每一步效率如何，早已深深刻在万晓英的脑子里。她也清楚地记得，这一课的课后检测题，多年稳定的那个答对率数字：20％！

"不过，这次不同了。"她对自己说。

昨天下午最后一节自习课上，借助平台，作为前置任务的网上自主学习任务已经发布下去，并让学生们当堂完成——之所以把前置任务专门集中安排在每天下午最后一节课，而不是让学生自己回家完成，这是校方的考虑，为了防止学生在家无人监督，彻底打消家长的疑虑。

按照翻转课堂的设计，这次学习任务包括两个微视频、一套测试卷。两个微视频，一个关于酶的作用，另一个关于酶的本质；测试卷则包含14道选择题。学生需要在线看完视频、做完测试卷，他们还有一个在线讨论平台，可以相互交流各自的收获与困惑。

万晓英通过在线教学平台可以随时看到每一位学生点击观看微视频的情况。两个视频时长共18分钟，虽然不长，但也不算太短，她本来抱的期望不是很高，以为会有学生看不完，但是出乎她的意料，所有人都看完了。测试卷也都答完了，答对率居然有七成！平台及时高效的数据统计，为万晓英的课堂准备提供了强有力的参考依据，她准备讲的内容确实是学生所需要的。

这一切，都是前一天在35分钟的时间内完成的——相比之下，过去那些年里，仅仅为了走完旧模式的程序，她都需要给学生一夜加半天的时间。

同样在那35分钟之内，万晓英也通过强大的在线教学平台拿到了准确的学生学习数据，她清楚地知道，每一个学生掌握到什么情况，学生们在哪些知识点上有困惑，具体哪些问题是他们觉得困难的⋯⋯以这些数据为依据，她很快完成了针对性很高的二次备课。

再次走进课堂，她不用再去费心引课，因为没必要了，学生们都已预先看过微课，该呈现的知识，在那些事先筹划录制的多媒体视频里都呈现得既全面又清楚。她只是花了1分钟时间，给大家说明了一下网上任务完成情况，随后就让学生们构建知识框架图，她作点评及补充，总共用了大约10分钟。

接下来就进入小组互动展示环节了，这也是翻转课堂的精华部分之一。给各小组5分钟，讨论网上的疑难题目；自己组实在解决不了的就展示出来，其他组来讲评，当然，有心得的学生也可以大大方方地分享出来，这部分她给出8分钟时间；全班都不会的疑难题目，老师再站出来，用大约1分钟来讲评。

小组互动分享环节之后，整堂课才过去了26分钟。后面用几分钟做个当堂检测，万晓英还有充足的时间可以用来讲评答案、拓展延伸⋯⋯

整堂课，万晓英总共只讲解了10分钟左右，把有混淆的几个知识点讲了一下，其他时间全部让学生去动手、动脑、动嘴。

当堂检测的结果出来了，学生正答率99%！这个数字让她有些眼晕。这意味着，这节课学生该掌握的几乎全都掌握了。什么是教学质量，这就是质量！

"这才是一个教师该有的教学生活！"万晓英的脑中突然跳出这么一个念头。此时，她分外感激北京四中网校的指导老师，若没有他们的耐心指导，若没有他们带来的在线教学平台上那么多的共享资源供自己随意使用，自己绝不可能进步得这么快。

翻转课堂符合教学规律

学生们可能并不清楚他们的万老师是怎么"玩"这节课的。从课前网上学习任务开始，万晓英其实构建了三个闭环：从课前网上学习任务到老师对学生的知识框架图进行点评补充，是第一个；从学生小组讨论到其他组讲评、老师讲评，是第二个；从当堂检测到讲评、拓展、讲评……是第三个。如果剩余时间充裕，拓展延伸设计得精巧一些，这第三个闭环还可以反复滚动下去。

闭环，是真正符合教学规律的东西，它让整堂课的效率、效果一下子变得真正清晰、可控。过去用传统教学模式，无论是课时限制还是学生反馈的模糊、缺失，都足以直接打消万晓英"造闭环"的幻想。用上翻转课堂之后，她才突破了这种模式上的先天缺陷，开始自由发挥脑海中的各种教学设计。

"在传统班时，感觉整个教学比较机械重复，而到翻转课堂班，感觉就解脱出来了，可以把课堂教学的重点放在'解惑'上，更多地关注学生的个性发展。"万晓英说。

事实上学生们也轻松多了。过去需要布置课后作业，现在万晓英课上就直接以当堂检测的形式处理了；学生通过检测，已经掌握了该掌握的知识，课下就一身轻松，因为万晓英感觉，完全没必要再布置作业了！

一起改变 一起收获

与万晓英一起义无反顾地投身翻转课堂改革的同事们，也各自按照自己的路线走着，取得了各自的收获：

化学老师吴霞不再像过去一样时时刻刻当"保姆"代劳一切，而是放开手让学生自己动手去做各种实验、去探索如何用化学知识解决实际问题。传统课堂上天天呼唤、寻求的探究能力、自主学习能力，就这样在学生身上自然涌现了。

"要相信学生。"吴霞非常认真地说。

语文老师邢慧敏不再满足于仅仅让学生理解课文，而是开始更多地利用翻转课堂跨越课上课下的特点，在教学平台上发布与课文相关的各种背景资料，引导学生思考并在线讨论。她发布巴金《小狗包弟》一文的学习任务时，就同时上传了"文化大革命"的相关背景资料，然后提出问题："小狗包弟为什么成了巴金的包袱？"

若在以往，这种"非正统"的提问必然会令学生茫然、冷场。但现在，在邢老师创设的思考情境下，在她提供的各种背景资料支持下，学生们自然就开始跟帖、发表自己的想法。

"包弟是日本种的小狗，它的旧主人是瑞典人，因此会成为包袱。"学生吴龙腾说。

"因为养狗在那时是一种奢侈的行为。"学生李伟伟说。

"那会儿正值'文化大革命'时期，很多活动和行为都是被政府禁止的，养狗也包含在内。所以包弟就成了全家的负担。"学生谷德鑫说。

2015年10月底，邢慧敏跟其他老师一起到北京四中网校接受培训学习，了解到2006年起北京四中就提出并践行的"双课堂"教学理念，这又给了她很大的启发，令她对翻转课堂有了更深的理解。

11月初，她在准备给高一（12）班和高一（7）班两个翻转班讲夏衍的报告文学《包身工》时，首先发布了微课《包身工的定义和卖身契》，并让学生写出"学习心得"。学生看完之后就明白了什么样的人是"包身工"，而且知道了卖身契的内容，极大地激起了学生的讨论热情。

她在教学平台的讨论区发布讨论话题："通过自学，你还有哪些困惑？在这里写一写。"并明确要求："在讨论区里，请你当回老师，跟帖回答小伙伴的疑问吧！（最少帮助三位同学哦）"

学生陈鑫爱问道："我们应该如何评析'黑夜，静寂得像死一般的黑夜，但是，黎明的到来，是无法抗拒的。索洛警告美国人当心枕木下的尸首，我也想警告某些人，当心呻吟着的那些锭子上的冤魂。'"

小伙伴胡雪儿回了她的帖子："黑暗总是恐怖的，令人惊悚的，我们不知道这样的黑暗社会何时结束，但总有一天黎明会到来，这种到来的力量是无可阻挡的，未来会充满光明，而那些虐杀人的惨无人道的刽子手，当心会被你所害死的冤魂所报，一报还一报，不是不报，只是时候未到。这是我的见解。"

学生孟子艺在讨论区里问："他们不回家父母不知道吗？"

小伙伴刘虎回复说:"那些老板封锁了消息。"

小伙伴陈丽娟说:"知道吧,他们的父母应该也是被生活所迫……"

到正式上课时,邢老师已经完全不用再赘述课文的背景知识了,她可以直接回答学生最渴望知道答案的问题,例如:包身工老板会不会封锁消息?包身工的父母们知不知道儿女的处境?

"这就是学生的探究,这就是真正得以展开的自主学习。"她说。

2016年初,在库尔勒市与广东省番禺市联合举办的"电子书包暨双课堂教学展示"活动中,袁祥奎老师、邢慧敏老师以翻转课堂为基底的双课堂同时荣获一等奖。消息传来,万晓英她们也不禁欢欣鼓舞。

"其实说白了,就是'懒人推进世界发展'。老师在教学活动中适当地'懒'一些,学生才可能变得'勤快'一些。借助北京四中网校在线教学平台和微课等资源,充分利用好这些信息化手段的翻转课堂,老师更容易上手,就是能够更有针对性地布置好任务,借助平台,老师更容易、更便捷掌握每一个学生的学习情况,然后让学生去合作探究,获得解决问题的方法和途径。"学校翻转课堂教学模式改革负责人朱心怡老师笑着说。

烟台十三中:翻转模式提高课堂针对性

2015年7月20日,在山东省烟台市芝罘区儿童影剧院,举办了一次民盟"烛光行动"北京四中数字化校园签约捐赠仪式。从这一天起,烟台十三中成为北京四中数字校园合作学校,得以有条件利用北京四中网校的在线教学平台、优质课程资源及各种先进的信息化工具,开始在本校实行"翻转课堂",借助于北京四中网校的信息化教学手段及交流合作,提升本校的办学质量和教育教学水平。

对于翻转课堂模式,烟台十三中的领导和老师最大的期望,就是要提高课堂的针对性。因为如何进行课堂教学改革,是现阶段一个很热门的话题,各级层面的教育主管部门都要求学校提高课堂教学效率、打造高效课堂。烟台十三中邹琳琳老师的理解是:课堂要高效,首先必须具有针对性。

烟台十三中将翻转课堂简单总结为:"先学后教,小组合作,当堂检测。"

"要先学,结果的反馈必须提前,让教师能够在课前根据反馈结果,有针对性地调整课堂的教学方向和内容。爱学平台的强大功能弥补了反馈信息滞后的不足。"邹琳琳说。

邹琳琳：收拢孩子的注意力

作为数学老师，邹琳琳在平日的教学中深刻体会到，测验对提高学生数学成绩的重要性，课堂测验效果是课后作业无法比的。而现在她有了充裕的时间，可以在课堂上安排随堂检测。

通常，她会提前在北京四中网校提供的在线教学平台上发布新授的微课讲解视频和编写的学案，让学生们结合课本进行预习。学案的内容有本节课的知识点的填写，有微课视频中讲解的重点知识的总结，有归纳的注意事项的罗列，有做题小技巧的归纳。"这些内容，都是为了确保学生在家时也能有针对性和目的性地看课本和视频，引导学生的关注点始终在新授的知识点上。学案中的一些内容只有真正看了视频才能填写出来，也避免了学生在没有教师的监管时可能出现的不良行为，起到检验的作用。"

视频后的练习题，可以通过正确率分析学生的预习情况，让她及时调整课堂的教学内容。课堂中预习情况良好的，可以少讲或不讲或者小组之间提问，没有学好的内容上课重点突破，加大练习题的训练量。这样直击班级学生面上的问题，针对性强，节省时间，学生注意力集中。"毕竟孩子们注意力高度集中的时间不能太长，在非要害的问题上浪费时间，到关键时候学生们的注意力反倒开始涣散了。"她说。

实验了一段时间后，她发现，在新课预习过程中，平台上的视频讲解虽然内容丰富、讲解细致、总结到位、归纳全面，但是对于初次学习新知识的初一孩子来说刺激点太多了，他们的关注点被分散了，于是，她开始自己录小微课视频，时间只有2~3分钟，没有复习、归纳、总结，只有单一知识点的新授讲解，配一些做题步骤，再布置几个与此知识点相关的任务。而平台上现成的微课资源，被她利用来对学生新授学习进行总结和提升。

这种处理方式，学生学习的效果挺好，她的课堂很快就转变过来了。

在"同类项"这一节课的学习中，邹琳琳就录了3个小视频，一个是同类项的定义，一个是对同类项的判断，一个是合并同类项的法则；以一个小题作为载体，一边讲一边写做题步骤，在学生容易出现的符号错误的问题上直接提示他们应该怎样处理。由于每一个都是一一呈现出来的，因此学生接受起来并不困难。

每一个知识点看完，她都安排做一组训练题，知识点单一，针对性强，学生也不会乱想，课堂学习都可以顺利完成。

难度高的新授课，她就和学生在课堂上一起看视频，整节课就解决一个难点。例如列方程解应用题的配套问题。一个螺栓配三个螺母，以前学生总是犯将倍数弄反了的错误，理解成螺栓数＝螺母数的3倍。为了解决这一问题，她让学生当堂看视频，先顺着语句列比例，螺栓数∶螺母数＝1∶3，再根据小学学习的比例的基本性质：两内项之积等于两外项之积。如此，将比例式转化成等积式螺母数＝螺栓数的3倍，解决学生们总是把倍数弄反的问题。看视频时邹琳琳就让学生对着数学《伴你学》第四课时的第6小题的配套问题，看完方法立即照着做，针对同类问题专项练习，效果良好。

邹琳琳的翻转课堂，还有一个"复习课模式"，一般是提前在在线教学平台发送复习习题任务和知识梳理学案，知识点以知识树的方式呈现；学生填写填空题，回顾知识点，识记知识点；网课任务以本章测验题形式出现。

前一天晚上，她就根据学生做题的正确率和其他数据的反馈情况，确定第二天的课堂教学重点和跟踪练习的题目。课堂中，直接先复习学生错误率最高的题所涉及的知识点；同时根据在线教学平台所反馈的出错学生的名单让学生们分析出错的原因；最后，针对错题做同类项的跟踪练习题，并当堂测验出错率高的同类项的测验题。

以往，在课堂上才能看到学生出现的错误，现场找题耽误时间，针对性还不强。复习课的这种模式，直接纠正错误，同类练习题当场强化巩固，在邹琳琳看来，针对性最强，最有效。

姜凌丽：让英语教学更有效

对于英语老师姜凌丽来说，当翻转课堂刚刚开始走进烟台十三中的校园时，对于这个新生事物，她和其他老师一样，有好奇，也有点担心。好奇的是，翻转课堂到底是怎么回事？担心的是，从来没有人做过的事，我们能不能成功？

其实，担心是多余的，经过一学期的探索，翻转课堂给她带来了惊喜。

在传统的英语教学中，老师在课堂上与学生互动，交流并讲授词汇、语法等知识，然后布置作业，让学生回家做听力、语法、词汇、阅读等方面的练习。但是在翻转课堂教学模式下，学生在家完成新知识的预习，而课堂变成了学生与学生之间、老师与学生之间交际、交流、互动的场所，包括答疑解惑、知识的运用等，从而达到更好的教学效果。

在传统课堂教学方式中，往往最受老师关注的是最好和最聪明的学生，他们在课堂上积极举手回答老师的问题，吸引了老师大部分的注意力。而与此同时，其他学生则是被动地在听，甚至跟不上老师讲解的进度。翻转课堂改变了这一切。

最让学生们兴奋的是能够暂停、倒带、重放的微课视频，直到听懂为止。而课堂上，教师的时间被释放，可以辅导每一位有需求的学生。姜凌丽将更多的时间用来帮助学习有困难的学生。比如在学习"Is this your pencil?"一课时，学生根据微课，对人称代词有了一定的理解，并完成了3道跟踪练习；到课堂上，姜凌丽就只对其中正确率比较低的题目进行讨论，节省的时间可以帮助有困难的学生进一步巩固知识、掌握其他题目。

正因为如此，虽然翻转课堂还是一种新兴的学习方式，但姜凌丽还是强烈感受到学生家长的支持，如果遇到了看不到任务或者登陆不上等问题，家长比学生都着急。

同时，周末的时间得到了有效运用。平常的学习用10分钟左右，周末用半个小时看一些视频，可以让学生的注意力集中到学习上来。"对于部分英语基础薄弱的学生来说，不谈别的，只谈激发兴趣就效果明显。"她的班上不乏这样的例子。一位刘同学和祁同学，过去总评较低，但经过翻转课堂学习，刘同学平均成绩达到了82.5分，祁同学则达到了85分。

在此探究的过程中，姜凌丽还注意到了翻转课堂与传统课堂优势的互补问题。她认为，新的教学方式不能脱离原有的教学习惯，如果能够将传统教学的优势应用到新兴的翻转课堂上，那可能会事半功倍。

目前，姜凌丽的主要困惑集中在教师的经验利用与课堂指导两个方面。"经验可以告诉我们学生可能在哪儿有困难，可以告诉我们怎样才能激发学生的兴趣；而对于后者，关键体现在翻转之后面对学生的问题所提供的指导上，毕竟学生有时间的问题离教学预设目标有距离，这个时候就需要通过引导，让学生的学习集中到教学内容上来。这两个方面是我的不足之处，也是今后努力的方向。"她说。

北京四中网校天津分校：让课堂洒满阳光

2014年7月，当刘耕波被学校调配去带初一年级的一个"龙门爱学课堂"班的时候，他感觉到的不是陌生和茫然，而是兴奋。因为他在北京四中网校天津分校工作八年多来，上传统课、做学案导学课、接触过上万名学生和许多老师，脑子里积累堆叠的那些创意和设想，终于有条件、有平台可以实施和验证了。

"龙门爱学课堂"是北京四中网校借助自有的在线教学平台和资源实施的翻转课堂的名称。刘耕波对翻转课堂并不陌生，据他说，早在2014年之前很多年，他就在琢磨翻转课堂了，只不过那时叫学案导学课，论模式也是翻转课堂的一种，只是没有信息技术支撑，没有在线教学平台依托，完全依靠导学案引领，形态比较简单原始，相较于信息化的翻转课堂效率比较低而已。因此，接到龙门爱学课堂的教学任务时，他丝毫不觉得陌生。也正是由于他熟悉这些，所以对于前后两种"翻转课堂"的模式和相应效果的区别，他就特别敏感，能够洞察入微。

热心肠的"大腕"

刘耕波在天津分校并非普通老师，他其实还主抓教师培训和教研工作。一方面，本校教师所有与教学相关的培训工作都由他来抓；另一方面，天津分校与很多当地学校有教学合作关系，刘耕波要负责到这些日校去给他们的教师做培训和宣导，内容包括翻转课堂的理念、操作及相关知识等。他这样的"大腕"，由于精力和时间所限，一般也就教一个班。

这次他要带的是北京四中网校天津分校初一（1）班的数学。这个班，都是入学考试当中数学成绩较差的孩子，对数学基本没兴趣，也谈不上什么学习习惯和学习方法。了解情况之后，刘耕波也有些犹豫，接不接这个班呢？

凭他的"大腕"程度，本可以不接的，但想了很久之后，他脑子一热，还是作出决定："接了！"

了解刘耕波的人都能理解他当时的冲动，他之所以脑子发热，是因为他的心热。"当时自己都不知道哪来的勇气，就是有一个想法在催我——尽自己最大努力，一定要改变孩子们，帮到孩子们。"他说。

说起来，很多老师在初试翻转课堂时，由于不熟悉、不熟练，经常陷在技术、资源、方法等当中，不得不投入大量精力在这些方面。与他们相比，刘耕波反而更加重视教学目标的实现，这让他在翻转课堂实践当中表现得风格独具。一方面，他特别讲究课堂教学的形式和方法；另一方面，他又并不把形式和方法摆在第一位，他真正重视的是教学目标是否实现，为此，有时可以放弃一些特别"正经"的形式和方法。

新旧时代　效率不同

北京四中网校从多年以前就开始做学案导学形式的翻转课堂，并且给老师们做培训。鉴于当时还没有在线教学平台的支撑，因此"龙门爱学课堂"落实之前的那些年月，仍然被视作"传统时代"。

即使在传统教学时代，网校里众多像刘耕波这样的老师，脑子里也并不缺少各种教学创意，只是缺乏相应的支撑环境，让那些想法基本都停留在空中楼阁、沙上堡垒的状态。信息技术支撑扩展下的翻转课堂，让刘耕波有了条件去印证自己的那些想法。"有时候，我那些想法会被印证为确实是对的，这时我就十分欣慰。这种印证感，是我现在最大的感受。"他说。

实际上，原先操作学案导学课堂时，很多网校的老师都想象过，能不能把很多工作搁到课前去？因为学案导学收集学生数据只能在课前，由于学案是纸质的，学生在课前完全可以抄袭，这时网校老师就会想："有没有什么办法或形式，让他们抄不了？如果再能减轻我一部分简单琐碎工作的压力，就更好了⋯⋯"事实上，这正是翻转课堂融合了在线教学平台之后能够实现的"教师福利"。

有了在线教学平台之后，网校老师的梦想就实现了，学生学习数据的统计、问题的收集，通过在线教学平台都变得十分便利，一切都由平台代为解决，不再需要他们去收全班的学案，不再需要他们一张张地判卷，不再需要他们为了统计学习数据而一个学案一个学案、一道题一道题地手工计算。他们现在要做的，就是利用平台产生的大数据去进行分析，发现学生的学习状况、学习规律。

在原来的学案导学课上，北京四中网校的老师教完之后往往发现，学生的任务完成率比较低，教学目标的实现率也比较低，毕竟老师无论怎样善于教学，也不可能照顾到全班每一位学生。但是自从接手之后有了在线教学平台，网校老师明显感觉自己的教学效率提高了。

原来的学案导学课，根本没有获取学情、二次备课的过程。在这种情况下，按照原来的教学计划，一般每节课网校老师要讲10道题，必须保证所有的学生都听到，这是每节课的教学目标。因为网校老师并不知道某一道题学生到底会不会，所以这10道题都会讲一遍。至于学生会不会，网校老师只能当堂判断，而这又会占用一部分时间。最终，留给每一道题目的时间都是有限的，因为一节课最多一个半小时，课容量有限，无法将某一道题完整地讲深，也来不及使用什么特殊方法确保所有学生都学会。

现在，网校老师课前通过微课和任务布置，能够获取学生的一些学情。同样的10道题，学生做完后，网校老师发现有一道题全班正确率达到80%，也就是说错误率才20%，那这道题就没必要占用课上时间去讲了，完全可以把这道题的时间留出来，给学生去强化别的题。

于是，原来一节课网校老师要讲10道题，现在讲5~6道题就可以了，而且这5~6道题还没有必要都讲，有的可以让学生在组内讨论中去讲。网校老师要做"导演"，组织小组内的学生互相答疑，或者共同研讨答案。如果这些都实现了，那教学目的就达到了，这节课他就有更多时间去给学生做更多知识拓展。相比以前一节课讲10道题还把握不准效果，现在可以讲15道题，并且确保学生都学会。这种教学效率的提升是实打实的。

让学生双眼发亮

很快，网校老师发现，班上学生的状态比刚来时好了很多。

经过分析，学生的学习兴趣，跟老师的教学模式很有关系。原来一节课满堂灌，"不管学生爱不爱听，我该讲还是必须讲。这节课我讲什么，不是以学生意志为转移的，而是按照我的课标、我的教学计划，这节课该讲什么就讲什么，而且要不遗余力地把它讲清楚"。如果有的学生课前已经学明白了，或课上已经学会了，再给他反复讲，他自然不可能爱听，于是，课堂上就有睡觉的、不听的，甚至上着数学课写别的作业的，各种情况层出不穷。

而如今，"上课过程中，学生的眼光永远是跟着我转的，思维永远是跟着我的思维转的"。这其实是众多网校老师对课堂形式、教学模式作出的变化调整。课前通过网校的在线教学平台进行学情汇总后，最后挑选出来在课上讲的内容，一定是学生所需要的。如果发现课前就学会了的学生，网校老师上课时会让他们充当小老师，兵带兵，这样就能充分调动全班学生的积极性，无形中提升了学生的学习兴趣。

这样的情况，不仅发生在网校的学员课堂上，也发生在众多与北京四中网校合作的其他学校的示范课中。

前一段时间，刘耕波被天津市葛沽一中邀请去上翻转课堂示范课。刘耕波选了数学里的"平移"一课，这节课的内容那个班的老师此前已经教过。不过，由于并非同时上课，它们之间不是同课异构的关系。正式上课之前，刘耕波用了一节课，跟学生们见了一面，聊了聊，给他们讲了讲怎样组成小组，让他们选出组长，又教他们该怎样进行小组讨论……相应准备工作都做好后，第二天就上课了。

刘耕波清楚地记得，那节课上完后，听课的班主任走到他身边，对他说："两种形式对比，明显感觉到，采用翻转课堂形式教学，学生的眼睛是发亮的。"

学校的教务主任也是数学老师，他也感慨地说："刘老师，我听完你这节课，最大的感受是，所有的学生，眼睛都是放光的。不管他们学没学会，至少他们是跟着你走的。"

课后，学校派人去采访学生上完课的感受，有的学生就跟前去采访的老师说："我觉得这样的课堂很好玩。"站在一边旁听采访的石校长听完这句话，也特别感慨，他对旁边的数学老师说："真正的教育，我们就是要让学生爱上课堂。只有让他爱上你的课堂，他才能主动地去学习你这门学科。"

2015年9月，刘耕波还在天津滨海新区的汉沽第三中学上过一节公开课，出现过同样的情况。这所学校属于薄弱校，学生的基础比较差。而这次课上，当旁边听课的班主任看到，自己班上原来那些不爱说话的孩子，竟然也纷纷举手上台表达自己的想法时，他惊呆了。上完课后，在会议室里评课时，班主任激动地对刘耕波说了一句话："刘老师，你这节翻转课堂上完，我从没发现我们班学生竟然有这么好！"

"其实这跟教学方法也有关系，如何调动、鼓励他们很重要。"刘耕波说。教会学生规定的知识，这是他的教学目标，而帮助、鼓励孩子们，给他们更多阳光，是刘耕波最重视的教学目标。

辅导班也要多给学生一点温暖

北京四中网校老师在上课时，最爱说的一句话是："我觉得你是可以的。"在课堂上提问时，他们经常会有意引导某些学生来回答。

来自天津市七十八中的张义俊，是刘耕波的辅导班上学习最弱的学生之一。平常上课时，刘耕波就会特意多给他举手发言的机会。有时候，班上很多学生都在举手，刘耕波眼光一扫，发现里面没有张义俊，他就两眼看着别处，嘴里轻快地说："我特别希望张义俊能举手，我觉得这道题张义俊是绝对能做出来的。"很多同学就开始鼓动张义俊,让他上台去讲。渐渐的,张义俊的学习兴趣和信心就强烈起来了。

有一次,张义俊在他本校参加完"勾股定理"的章节考试,给刘耕波发了一条QQ消息:"刘老师,我考了68分。"文字后面是一连串又哭又笑的表情图标。张义俊原来考试从来都是不及格的,数学一般只能考到二三十分,何况这次他们考的还是整个初二数学下学期最难的勾股定理一章,考及格太不容易了!刘耕波知道他原来的成绩有多惨,因此对他那一堆又哭又笑的表情也是深有同感,狠狠表扬了他几句。张义俊再次在QQ里朝他欢呼:"我终于及格了!"刘耕波回复他说:"其实我一直很看好你的,我觉得你一定会学得很好的!"

刘耕波就是这样,抓住一切机会积极向上地引导学生,有时这种引导会格外露骨,只为了让学生多感受到一点阳光。

初一时,刘耕波班上来了一位插班生,名叫景浩轩。小浩轩的家庭比较特殊,父母都是狱警,家教非常严格,小浩轩的成长氛围有点压抑,使得他的性格特别内向。小浩轩来到刘耕波的班上,坐在第一排——离刘耕波最近的位置。刘耕波不断地告诉他:"我特别喜欢你,小浩轩,刘老师觉得你特别特别好。"上课时,刘耕波指着一道题说:"我觉得这道题你绝对能做出来。"他用这种方式,不断地让小浩轩感受到善意和亲近,不断地给他鼓励,让他融入集体。下课了,刘耕波走出教室时,小浩轩偷偷跑过来对他说:"刘老师,今天谢谢你!"刘耕波笑着对他说:"你不用谢我,我真的喜欢你。"

"其实我不是特别喜欢某一个学生,班上的学生我都喜欢,但如果你跟学生说'我特别喜欢你',对他的激励会特别强烈。这是一种教学手段。"刘耕波说,"我就希望他能融入我们的集体。"

在刘耕波的翻转课堂教学中,他一直强调,一个班级就是一个整体、一个团体,每一个学生都应该有团队意识——前提是学生能够融入这个团队。"我不会让任何一个学生陷入孤立。"刘耕波说。

后来,小浩轩搬家了,有时上课就赶不过来。"但只要能来他一定会来,我相信。"刘耕波说。

说起自己为什么在课堂上要想方设法甚至"胡搅蛮缠"地让学生站起来发言,刘耕波说:"这些数学成绩较差的孩子,相信他们在学校的课堂中也没有自信,他们的数学世界是灰色的,我要给予他们阳光,给予他们自信。大胆发言既可培养学生的口语表达能力,又培养了学生的思维能力。"

其实每一节课，以刘老师为代表的众多网校老师都会不断提醒自己：要对孩子们多鼓励，我设置的问题要简单易操作，这样孩子们能够想出答案，慢慢培养他们的自信，之后他们就有兴趣了。即使孩子们回答不出来，也给他们时间思考，慢慢培养他们勤动脑的习惯。"每个孩子都有自己独特的内心世界，有着自己观察、思考和解决问题的方式，我要让他们自己发现这一点，先从让他们举手发表个人见解开始。"

刘耕波对学生的尊重、爱护，令很多学生都对他无比信任甚至依恋。有一位练田径的学生小韩，在天津市拿到了全市前八名，那次他比赛完，就给刘耕波发了条微信，微信里是一堆小笑脸。一对师生就在微信里聊天，刘耕波说："刘老师要奖励你，请你吃饭，沾沾你的喜气。"小韩乐坏了。

当孩子的战友而非敌人

"在传统的课堂，我们的老师是学生心目中的'圣人'，我们是高高在上的，但这样让我们也有点高处不胜寒，不了解学生，不知道学生们心里到底在想什么，也不知道如何才能真正帮助学生们。"

"而在翻转课堂，我们要做孩子的同伴、战友，而非敌人。"刘耕波说，"直白地说，就是把孩子们'当人看'。"

刘耕波只是北京四中网校天津分校推进翻转课堂实践的一员。事实上，所有参与的老师都在思考，如何调整自己的状态、改变传统的教学模式，以争取更好的教学效果。

网校教学部的王晨老师，同是数学老师，他的做法是设置课堂惊喜，多是一些特殊的鼓励和表扬。例如，当他从其他渠道了解到学生的一些进步时，他就会在课堂上进行特别表扬，这种表扬是完全出乎学生意料的。在每期课结束时，为了让学生有更好的心态迎接考试，他会准备礼物给学生放松；在特殊的时间，他还会在课堂上设置特殊惊喜，比如生日惊喜。在学生生日集中的月份，他会挑选适当的日期，为几个学生一起过生日；他会提前准备好礼物，以及对学生的祝福，在快要下课时带给学生，让全班同学都送去祝福，这样不仅让学生体会到周围人的关心，同时也让班级同学更加团结，还加强了家校的黏性。

老师们的付出，回报出现得很快。学生们在课堂上的状态原来是沉默、低头，现在渐渐变得爱笑，开始举手提问题。特别令刘耕波满意的一点是，学生们

我们要建设怎样的课堂

开始争抢着进行学生擂台。

与此同时,学生们的成绩也在慢慢提升。在刘耕波的班上,作业的完成率由原来的不到 1/4,变成了接近于 95%,出勤率 100%。而这些孩子在各自本校的成绩排名,都有不同程度的提升,提升大者年级排名前移了一百多位,提升最小的也上升了十多名。

2015 年,网校在进行第四届"龙门爱学课堂"教学大赛时,刘耕波的学生们非常激动,争抢着让刘耕波拿他们班做公开课。而孩子们在课堂上的出色表现,也帮助刘耕波顺利拿到了全国 PK 大赛第二名的好成绩。

教师课堂改变学校案例

任何改革，都不会停留在单一方面、单一角度，它必会牵一发而动全身。

像翻转课堂这样代表着信息技术与课堂教学深度融合的教学模式，引入任何一所学校，都是一场宏大的改革。这样的改革会影响到方方面面，从老师到学生，从课堂到后勤，从教研到管理，从信息化环境到学校办学理念……最终在整个学校层面呈现出可见的变化，这种变化甚至会影响到学校的整体气质，并向外辐射，改变学校与外部环境的关系。

无论是大连红旗高中还是洛阳五十九中，或是武汉楚才中学，从它们身上，我们都能看见，改革的伟力是如何从点到面、从里到外地改造一所学校的。这些学校各有各的传统与历史；它们的改革起点，或是希望登临绝顶，或是缘于图变求存，或是欲图蜕变突围。它们就如同一个个活生生的人，人生经历与生存处境各不相同，以各自的人格与热血，在翻转课堂这个平台上，演绎出一幕幕风格特色鲜明的大剧，并取得各自的成就。

它们只是众多与北京四中网校合作、推行翻转课堂改革的学校当中的几个典型。同样的变化，我们也能在烟台十四中、长沙明德华兴中学、朝阳市第四高中、靖边县第四中学等学校那里发现。更多的精彩，有待读者自己去探寻。

洛阳五十九中：脱困之后再腾飞

2014年招生季，洛阳市第五十九中学（以下简称五十九中），教导主任在办公室里欢欣鼓舞。这一年，学校高中招生600人。这个数字看似没什么，但在五十九中的校领导和老师们看来，却代表着学校从长达十多年的衰败当中基本恢复了元气。

不过，校长袁林并不满足于此，他想带领学校重塑昔日声望。现在的五十九中只是久病初愈，要进一步腾飞，还需要更加精巧、更符合现代化信息化趋势的力量推动。

袁林为学校准备的晋升之阶、飞腾之翼，就是翻转课堂。

引入翻转课堂

五十九中的前身是"洛阳矿山机器厂子弟中学"，是洛阳矿山机器厂这家几万人大厂后勤体系的一部分。从20世纪60年代直到21世纪初，它足足辉煌了40多年。这种辉煌，体现在方方面面，从体制到福利待遇，到教师力量，到生源，到毕业生的出路，乃至它的教育风格，都远超同为"洛阳四小龙"的其余三所完中。当地人提起它，都用两字简称"矿中"，这个名字代表了它的一切。

但到2008年，它作为洛阳市最后一所厂矿中学回归社会。新校长袁林到任时，它已经衰败到高中招生数只有200人，老师也大量流失。袁林用了6年时间来给学校移风易俗、革除积弊、开阔眼界，在全校推行"本色教育"改革，建立"导学、探究、测练"课堂模式，并亲自任课……直到2014年，终于重新为学校打下了发展的根基。下一步怎么办？

校长袁林找到了北京四中网校，提出要与他们合作，借他们的理念、技术、资源和平台，将翻转课堂引入五十九中。

2015年年初，五十九中的新年第一场工作会。会议室里，校领导全部在座，列席的还有教研主任、校办主任以及各教研组长。刚刚听完校长袁林的讲话，众人目目相觑。

校长刚才说，新学期，学校要在高一试验翻转课堂。翻转课堂这东西，大家外出考察时确实听说过，但究竟是个什么东西，具体怎么做的，在座诸位并不清楚，乍一提出，大家都有些懵。而且眼下已过一学期，中途改制，影响如何，真不好说。在座的学校中层都不免心中嘀咕。

但这位校长非一般人物，他于学校穷途末路之际担当重任，挽狂澜于既倒，扶大厦之将倾。他做事，素来务实，能被他看上，这翻转课堂必有独到之处。

有校长的威望背书，短短的讨论过后，在座诸人都抛开心中疑虑，迅速达成一致：不管这翻转课堂是个什么东西，总之，干了！

从 24 名学生开始的课改实验

五十九中成立的翻转课堂实验班，叫做"探究素养实验班"，第一届总共只有 24 名学生。但在校长的大力支持下，却是文理并举，九门功课同时实行翻转课堂模式改革。

因为是半途成立的班，所以，这个班的学生大部分是从普通班动员过来的，还有的是抱着试试看的态度来的，更有些是家长硬逼着来的。总之，从生源看，几乎是一盘散沙。

整个班级的成绩起点都不高。文科班的语文平均成绩比年级平均分低 8.7 分，班上第 1 名 105 分，排年级文科第 52 名。理科班的平均成绩比年级平均分低 7.2 分，班上语文第 1 名 101 分，排年级理科第 23 名。学校高一全年级 12 个班，这个实验班的文科理科平均成绩都是倒数第一，而且比倒数第二差好几分。

就是这样的"后进班"，却肩负着为学校探索课改出路的使命，学校支持他们享有诸多"特权"：考虑到这 24 名学生情况不一样，有寄宿生、有走读生、有的家里上网不方便，学校为他们特批了一间教室，装修成电教室，专供他们使用；当洛阳其他学校的教室里都还没有 Wi-Fi 时，这 24 名学生平常上课的教室里就专门拉了一路网线，覆盖了 Wi-Fi 信号；其他班级的学生都不允许带手机，但他们如果教学需要的话，无论手机还是平板电脑都可以用……

当然，在真正投入翻转课堂的老师眼里，根据新的教育思想和教学规则，新组建的实验班其实也没那么差。

实验班不大，学生不多，但很团结，班级一成立，学生们就自动融为一体，没有出现什么小团体。更重要的是，学生们懂事，特别尊重老师，这一点很让别班的老师羡慕。翻转课堂班的老师经常能听见这样的夸赞："这些孩子情商真高，不和老师犟嘴。"

组成这个班的学生，原本不是什么学习积极分子，北京四中网校倡导的翻转课堂也跟传统课堂完全不同。其基本形式，是学生课前凭借网络资源自主学习老师推送的课程任务，课上小组合作质疑问难、交流分享。特殊形式的背后，是特别的教育思想，营造的是全新的学习感受，调动的是空前的教学热情。原来学校也搞过课堂改革，但从未像这回一样，在老师、学生面前打开一扇新的大门，鼓励他们投入一个生机勃勃、异彩纷呈的新世界。

新资源，新世界

刚刚尝试翻转课堂时，实验班的老师虽然经过简单的培训，但离入门还差得远，都不太会用网络平台，基本只会按照北京四中网校提供的设计和指导，按部就班地实施。由于老师们基本都不会做微课，而文理并举、九科齐进的翻转实验又需要大量微课资源支持，在这个阶段，学校主要依靠北京四中网校平台上开放共享的资源支撑着。北京四中网校为了促进五十九中的老师、学生们更好地利用平台，特别选派了张丹枫老师担任五十九中的专职教研员，每周进行网络公开课，每月汇总老师们的推课情况，并在周报上公示。

杨凤琴是实验班的语文老师，与其他老师一样，她刚开始也不知道怎么利用网络资源来改造自己的教学。后来，上到"鸿门宴"这节课时，她发现北京四中网校的平台上有连中国老师讲项羽、讲鸿门宴的微课视频，故事讲得有声有色，她就挑选出来，作为课前自主学习任务布置下去。一方面，学生们还从未见过这样的课程，在网上互动平台上反应强烈，用杨凤琴的话说，"一下子受到了强烈的冲击，被完全吸引住了"；另一方面，老师对按时积极完成课前任务的同学给予"小星星""小笑脸"等奖励，并在课堂上对任务完成得好的同学予以表扬。到上课讨论展示时，学生们也是破天荒的异常积极踊跃，有学生直接自告奋勇上台，模仿微课视频里连老师的样子，讲得绘声绘色。

"这件事对他们、对我来说，都好像打开了新的一扇窗。课本和参考书上的鸿门宴毕竟是死的，而连老师的微课，让它在我们眼前活了过来。"杨凤琴说。

同时，杨凤琴也承认，以自己当时的水平来讲"鸿门宴"，只能在一般层次上讲讲文中的字词什么的，她也只会就字词讲字词，离不开地面。而北京四中老师的微课，讲起来却是旁征博引、无限发散。"对于学生来说，我的讲法在地面，而微课则带他们翱翔天空，刚好互相辅助，能带给他们更加全面、更加透彻的教学效果。"

这节课，也令杨凤琴开始反思自己和同事们以前的教学。"以前，觉得咱们备课、讲课也挺尽心尽力的，为啥学生就是不想听呢？现在一对比就知道了，老师的知识和能力是有局限和死角的，有时你就是讲不出效果来。这时就需要充分利用那些更加专业深入的资源，来启发自己、启发学生，这样才能充分激发学生的学习兴趣。"

从将带兵，到兵带兵

杨凤琴做翻转课堂，最大的感触之一是：对于学生来说，同学们分享的，比老师讲的更容易接受。她说："以前是我教学生，后来我的课堂上经常出现兵带兵的情况，相比之下，我觉得后一种情况下学生学得反倒好些。"

这种感触，是从"鸿门宴"那节课开始的，后来演变为杨凤琴对课堂小组分享互动环节的重视，这也成为她上翻转课的特点之一。

在采访杨凤琴的当天，她刚刚上完一节课，内容是"人间词话"。她清楚地记得，在课前自主学习期间，一位名叫张世豪的男生在讨论平台上问："这个'不隔'是啥？"原来他在看微课，里面提到"人间词话"有一个审美概念叫"不隔"，他不懂，就直接发帖问了。他等了一会儿，没看到回答，就在平台上直接给杨凤琴留言：老师，微课里我没看懂"不隔"是啥，你能不能给我再讲一下？

杨凤琴打开平台看到他的消息，再一看，平台上同学们关于这一课的各种留言足足有 10 页，她一页页地翻过去，结果在里面看到，有同学已经直接把对"不隔"的理解写出来了，他可能疏忽了没看到。

杨凤琴没直接告诉张世豪已经有同学给出答案了，也没有单独给他讲，而是等到课堂上，直接向大家发问："张世豪同学不理解'不隔'是什么，有谁说一下？"那位留言的同学就举手了，说："老师你看，我给他在留言上写了三条理解。"经杨凤琴允许后，他直接走上讲台，把那三条理解细细讲了一遍。这下不仅张世豪理解了，其他同学也再温习了一遍。

遇到这种可能进行"兵带兵"的情况，杨凤琴都大力鼓励支持。长此以往，她的班上涌现出一个个积极活跃的"小老师""小演讲家"。

陈幻就是那位语文成绩班级第 1 名、年级文科第 52 名，他一度在班里获得了"课霸"的名号，因为他几乎每堂课都上讲台，或为同学答疑，或自己分享。他十分享受这种上台演讲的感觉，而且这种热情绝不限于语文课。传统课堂很少给他机会，只有在翻转课堂里，教育思想和课堂规则要求学生当学习的主人，像他这样特点鲜明的孩子方才如鱼得水，得以充分挥洒自己的才气，释放自己的能量。

陈幻是第一个，紧随其后，李伟兵、高海啸、李书凯……一个个积极分子纷纷涌现。语文课上，中国四大名著被他们全部讲了一遍；数学课上，各种抽象概念被他们灵活运用到生活当中；其他科目中，他们成为小组学习活动的组织者、带头人……这些曾经毫不引人注意的孩子，如今却纷纷展现出独特的才华，以宽广的知识面、灵活的思维方式、昂扬的精神面貌，感染了全班同学，甚至在老师当中，也渐有他们的名声传扬。

而当讨论与分享还不能完全满足学生们的表现欲时，他们又开始学做课件、上传课件，乃至学自己做的课件。全班共有4个小组，张蔓莹组和刘一鸣组各承揽了必修五里"古代文化常识"与"文言词语和句式"的课件制作任务。张蔓莹和刘一鸣统筹协调，全组同学献计献策、制定方案、分配任务；人人动手，一个句子一个句子找，一个图片一个图片粘；亲自设计每个互动环节；最终请老师审定，再上传。小组运转得宛如一个成熟的项目组。

杨凤琴当着全班同学正式放映了他们制作的课件，原原本本按他们的设计组织了整堂课的教学。那两堂课，学生们格外认真。当学生们看到课件上"请王璐瑶同学回答"的字样时，都笑了。

在后来的日子里，这一幕在老师中间久久流传。屏幕上那行字，宛若乳虎始啸、凤雏初啼，绽放出别样的希望光辉，预示着惊人的成长，贯穿过去、未来，清晰地映在他们心底。他们明白，这所沉默暗淡了多年的学校，有多么需要这样的光辉。

模式之外，还要耐心

翻转课堂实验一天天推进，转眼一个学期过去了，实验班的学生们渐渐习惯了这样的模式、这样的课堂。按照一般的逻辑，翻转课堂走到这一步，学生们的自主学习习惯应该已经培养起来了，老师至少不用再为学生不看微课、不做测验、不做作业而头疼了。杨凤琴也是这么以为的。

但事实向她证明，教育问题与公式或机器不同，并非输入条件—得出结果那么简单。翻转课堂是很好的教育模式，但对于学生来说，在漫长的学习生涯中，还有很多千奇百怪的影响因素。

高一下学期，期末考试结束后，杨凤琴等几位老师在网上流水阅卷。杨凤琴改完一个学生的卷子后发现，这孩子才得了50多分。这位学生她知道，虽然平时成绩也不是特别好，但绝不是50多分的水平。她感觉不对劲，皱着眉头，在电脑上把这孩子的卷子调出来一看，作文一个字都没写。

杨凤琴当场起身，去教室找这位学生，发现他已经考完试走了，只得作罢。但她对此就上了心。开家长会的那天，杨凤琴把这位学生和他的家长都留了下来，她想问问原因。结果孩子对她说了一句话，吓了她一跳："老师，我真不想上学，一点都不想上。"

据她了解，这孩子平时是喜欢读书的，特别是语文课背书，就数他厉害，按理说不会这么厌学才对，突然出现这么大的变化，太古怪了。杨凤琴小心翼翼地问："你是不是对老师有什么看法或者意见？"学生摇摇头说："老师，我真不是对你有意见。你看，你上课的时候我捣乱过吗？我从来不给你的课捣乱。我就是真不想上学，我是故意不写作文的。就算我语文能考得好点，可我别的都不行，明知没盼头，我还考什么呢？"杨凤琴当场把脸拉下来了，说："你这样，我真瞧不起你。"家长也在一边训斥。好不容易劝服了他，继续学习，不要放弃。

孩子走后，杨凤琴分析，这孩子的问题可能不在教学上。他的家庭条件不太好，父母都在学校食堂打工，这种家庭条件背景，可能让他心理上有些问题。另一种可能是，翻转课堂的"花样"说起来也就那些，孩子们的新鲜劲一过，也就疲沓了，不看微课、不做测验，还编各种瞎话应付老师，这种情况杨凤琴不止碰到过一次。

五十九中由于历史原因，其生源当中，家庭教育背景不太好或个人学习习惯存在问题的学生不在少数，这些学生身上都有可能发生杨凤琴遇到的这种心理波动、情绪低落的情况。这种现象，在某种意义上，可能是五十九中这样的学校所特有的问题。杨凤琴觉得，这就不是简单依靠翻转课堂模式能够解决的了，得结合德育工作才行。

前面提到的那位学生，如今升到了高二理科班，班主任还是杨凤琴。2016年年初，学校一开学，杨凤琴就直接先找他谈话，问："过了一个假期，你这个学期怎么样？"学生不好意思地说："老师，我咋那么糊涂呢？我不上学能干啥呢？"总之，这学生以前的劲头又回来了。

"我觉得，有些学生学习情况起伏不定，可能跟学校、课型、教学模式这些关系都不大，可能就是一个心理问题。但要让教学改革取得最好效果，老师除了认真研究翻转课堂教学模式外，还得具有帮助学生排除一切干扰的耐心。"杨凤琴说。

成绩与教学双丰收

在中国的教育体制下，成绩始终是检验教学质量的金标准。第一个学期结束后，这个曾经的"后进班"的成绩就出现了巨大变化。一方面是整体水平上升；另一方面是出现了全校乃至全市层面的优秀生。

全班90%的学生实现了跨越式提高。班级最好的成绩，文理科都曾获得年级第3名；班级名次总评，学期末也上升到年级第3名。

数学成绩的全班平均分，学期末上升到全年级第 4 名；全班有 2 人进入年级前 50 名，6 人进入前 100 名。这样的进步，令任课老师王欲晓万分欣慰。

语文成绩也在进步着，分班时的文理两个倒数第一，有一次彻底翻身，全部成了全校第 3 名。

理科的李伟兵，分班时是学校第 145 名，期中考试一跃成为年级第 43 名，全市第一次质检为年级第 38 名。

文科的张蔓莹，语文成绩一次获得全校文理并列第 1 名，一次获得全校第 3 名。

传奇的陈幻同学，在全市质检中 B 卷获全市第 52 名，全校第 15 名。

两个学期下来，五十九中已经声名在外，招生不复当年的困窘。有人看不明白学校的火爆，总问相识的老师：你们学校咋回事？怎么这么热闹？

校长袁林用一种最直白的方式，证明了五十九中的成功蜕变，兼回答外界的某些疑问。

2015 年 10 月，洛阳市教育局在全市搞了一次普通高中星级评估。评估组来到五十九中，按流程，先要听取学校的相关工作报告，承担汇报任务的就有杨凤琴。

会议室里，杨凤琴拿着准备好的材料，认真向在座的校长和教育局工作人员汇报学校"本色教育"的相关情况，说到翻转课堂时，坐在一边的校长突然出声打断了她，直接对她说："你站起来，去上一节课去。"

这指令突如其来，杨凤琴两眼睁得老大，瞧着校长一时回不过神来，那意思大约是：我这里正给你们作汇报呢，要上公开课，好歹让我提前准备一下啊！

前来评审的老师都知道五十九中的情况，也都知道这个实验班的学生情况不怎么样，对于袁校长当场来这一手，也颇感诧异，瞧瞧校长，又都瞧着杨凤琴，看她怎么办。

袁林不管众人的眼光，对杨凤琴说："就按你平时上课的样子来上，去吧。"

杨凤琴就去了。经过一番准备，在评审组面前摆开平时的课堂阵势，老师、学生都驾轻就熟，这堂课上得有来有往、活泼踊跃。当杨凤琴现场把学生的互动情况统计出来并投到大屏幕上时，听课的评审组老师都倍感新鲜；当讲到学生不理解的地方，有学生提出问题，有学生主动请缨上前讲解时，他们就有些惊讶了；当学生对杨凤琴所讲内容有不同理解，走上讲台展示自己的想法时，他们现场就忍不住跟陪同听课的校长嘀咕起来："你们这种形式怪新鲜啊。""就你们那学生，能讲成这样，真挺不错。"

一堂课结束，杨凤琴向听课的老师们道了声抱歉，说："你们看，我正给你们汇报情况，校长就叫我上来了，我也没准备，平时就是这样上课了，有什么问题，还请各位专家指点。"

现场一位专家评点说："如果你们平时的课都是这么上的，那三年以后，你们肯定会出了不得的成绩。"

五十九中鉴于翻转课堂实验的良好效果，已经把新一届高一增加到了四个翻转课堂班。王欲晓表示，他们正在探索如何把翻转课堂进一步与学校原有的"导探练"课型完美结合起来，希望借翻转课堂的声势和资源，驱动学校的"本色教育"发展得更加成熟。

楚才中学：追求"本土化"翻转教学模式

2016年年初笔者采访武汉楚才中学时，这所学校是武汉市汉阳区唯一一所初中段的翻转实验校，也是汉阳区教育局领导口中"中学段第一个敢于吃螃蟹的学校"，并且校领导立志打造"华中翻转第一校"。

楚才中学做翻转课堂，之所以做得如此急切又如此高调，不是为了跟风，而是不得不如此。这是由它的生源情况和区位处境决定的。在某种程度上，走上翻转课堂的道路，几乎是楚才中学命运当中的必然。

命中注定的翻转路

楚才中学是一所新建校，学校位于武汉市汉阳区的西北部，这里原本是一片乡村和原野，只因汉阳区的经济社会发展需求，才于2008年在这里兴建起一所学校。

过去，汉阳区里大部分是城中村，整体发展相对落后，以致这里流传一句顺口溜："离开钟家村，处处都有城中村"。新世纪伊始，武汉市重点倾斜支持汉阳区改造城中村。随着城镇环境日益变得宜居，大量人口涌入，拆迁的、还建的、外来的……成分复杂，人口日益密集。

人口密度激增、居民成分复杂，导致教育资源吃紧。本地原有的一所老学校二桥中学，已经远远满足不了新增的适龄孩子上学需求，连幼儿园都一位难求。故此，区里择地新建了楚才中学，以满足汉阳西北部群众日益增长的教育需求。学校2010年开始正式独立办学。

楚才中学的成立背景和区位定位，决定了它的发展路线。

作为一所新建校，楚才中学从校领导到老师都希望尽快办出水平、办出特色，教改是他们的最佳选择。

楚才中学搞教改，本来也未必非得走翻转课堂这条道路不可。说起来，国内那么多优秀学校、那么多优秀模式，就连"家门口"的二桥中学，都以生本教育、阳光理念和导学案闻名全国。按理说，随便选一种模式来学习，都是够档次的。但楚才中学偏偏选择做翻转课堂，其中是有讲究的。

学校教科室主任邹勤说："一种模式究竟适不适合咱们学校，是要经过风险评估和可行性研究的，一定要适合校情，一定要经过本土化，不能盲目照搬。"

学校经过大量调研，物色来物色去，觉得"翻转课堂"模式是从根本上培养学生的学习兴趣，解决学生学习能力、学习习惯问题的良好选择。

楚才中学因为是新建校，所以选择了翻转课堂的教学改革之路；也同样因为是新建校，它承担着教育公平、教育资源均衡的使命，所以市、区教育局在基础设施建设上对学校有倾斜，学校的硬件条件起点比较高，先天就具备承载翻转课堂的优势，这是其他学校难以比拟的。同时，学校各学科都有高水平的老师"压阵"，学校层面对于保证翻转课堂实施后的教学水平也有充分的信心。

他山之石，可以攻玉

2014年年底，学校成立了翻转实验团队，正式启动了实验。实验团队下设四个小组，包括由校长亲自挂帅，分管校长主持，信息规划办主任、教务处主任、教科室主任协同落实的领导小组；学校技术团队、专家组成员和厂家支持的技术小组；信息规划办、教务处、七年级数学组、七年级英语组组成的学科实验组；学校通讯员组成的宣传小组。同时，学校派出第一批老师前往山东昌乐一中，考察学习翻转课堂的教学实践。这次考察，极大地坚定了楚才中学校领导和老师们推行翻转课堂的决心与信心。

回来之后，按照校领导的指示，在分管副校长谭婷的主持下，开始发动学校管理团队，与由信息规划办主任潘岚牵头的翻转课堂实验团队一起，大量检索各类文献、阅读各类理论著作和论文、研究各种实践案例，同时请北京四中网校的教研团队来校做培训，研究设计楚才中学自己的翻转课堂教学模式。

"二段三导四步"翻转教学模式出世

学校原本就有一套"三导四步"教学模式，当初是邹勤主持设计并在全校推广的。这套模式是基于楚才中学自身的情况提出的，对于传统课堂教学来说基本够用了，但学校和老师们并不满足。

"45分钟一节课，其实做不了什么的，除非你以自己讲授为主，那么30分钟就能讲很多内容。但不能这样啊！"邹勤说，"如果上课以传授新知识为主，那学生怎么巩固呢？就得布置课后作业啊，那就加重了学生的负担。"

在邹勤的教学生涯中，不知有多少节课，她特别想好好给学生讲一些更加有趣和重要的知识，但限于传统课堂框架，基本都难以如愿。"这种情况太多了。"她感叹道。

老师们也都希望能安排学生多讨论和学习，但传统课堂的时间难以把控。给多了，一节课内容完成不了；给少了，很容易流于形式，或沦为少数优秀学生的秀场、一言堂。

说起来，这套"三导四步"模式还是有一定效果的，立足于它，楚才中学做到了"低进高出"，连续5年中考都超过了教育局下达的指标。

超指标说起来好像很容易，其实都是拼出来的。学校的学生基础太差，全靠老师加班加点无偿付出，一个一个地面辅，一个个地过关，过不了再面辅、再过，反反复复，每天如此。"老师们累病的不少，没倒下的也是职业病一大堆。"邹勤感叹道。

邹勤本人是教师世家，无论是父母还是爱人，都能理解她的辛苦，但其他老师的家庭情况未必如此。这是促使学校决心投入翻转课堂、把学习还给学生的另一个原因。"超指标不是我们的目标，我们希望走上良性循环的轨道，不希望靠老师们的辛苦和累垮的身体来换取一点点的成绩和进步。"这也是他们对翻转课堂的期望。

多次外出就翻转课堂进行考察和培训，给学校翻转课堂实验团队的启示是：传统课堂框架可以颠覆；课后作业不需要布置。

但翻转课堂本身只是一个指导框架，具体到各个学校，还是应该在此框架下各自量身定制一套适用的模式，来容纳不同的细节。那么剩下的问题就是：到底要设计一种什么样的教学模式，才能让楚才中学这群老师和学生顺利"翻转"过来？

在北京四中网校教研团队的建议下，分管副校长谭婷与信息规划办主任潘岚以及学校管理团队一起深入研究后提出,直接把原来"三导四步"当中让学生自学的部分拎出来,作为翻转课堂的前置部分;而把巩固练习这一部分拿到课堂上来,以小组学习的方式进行。

这样就腾出了时间,直接从根本上解决了过去的课堂令老师束手束脚难以施展的问题。顺理成章,课堂上的流程就有了变化,可以组织学生进行充分的小组学习了。学生的小问题能在组内解决,大问题能暴露在老师面前,老师就可以点拨启发,解决学生的真实问题。

思路很简单,也很合理。改造后的模式被命名为"二段三导四步"。

2014年12月25日,学校下发《武汉市楚才中学"翻转课堂"教学模式及实施方案》,正式公布了本校的"二段三导四步"翻转课堂教学模式:

二段,即导学质疑阶段和导练展示阶段。导学质疑阶段用于"知识传递",导练展示阶段用于"知识内化"。

三导,即导学、导练、导发展。

导学:载体是导学质疑册。指导学生在家通过教材和微课进行自主学习,并进行自我检测和思考。

导练:载体是导练展示册。通过小组合作和教师引导,分层解决基础任务、拓展任务和挑战任务,内化知识。

导发展:导学、导练是手段,导发展是最终目标,是指师生在享受幸福翻转课堂的过程中,师生教学相长,从而实现追求幸福教育、享受教育幸福的终极目标。

四步:在导学质疑阶段是以下四步:教材自学,按照要求自主学习教材,完成导学质疑册;微课助学,观看微课,加深对问题的理解,并提出不理解的问题;在线测学,完成微课后的在线测学,注意不要重复提交问题答案;质疑思学,尝试独立写出本节课的知识点或方法,并写出困难和疑惑处。

在导练展示阶段是以下四步:合作释疑,组内交流解决一部分问题,教师引导解决疑难点;导练展示,通过进行不同层次的训练,突破学习难点;点评提升,通过小组间同学互评,内化知识点;总结反思,梳理本节课知识点,提炼方法、规律。

学校选定七年级两个实验班、数学和英语两门实验学科,开始按照这套模式尝试翻转课堂,由骨干老师自愿参与,以星星之火带动全校。同时,开始与北京四中网校合作,推动整个实验加快深入开展。之所以与北京四中网校合作,一方面是看重北京四中网校在全国众多的成功案例,但更看重北京四中网校海量的由北京四中一线教师录制的精彩微课资源。

破解争议　坚定推行

新模式公布后，一如学校和邹勤所料，立刻有老师提出了疑问："把自学环节前置，把巩固环节搁到课堂上来，岂不是相当于让学生下课放学后还要上课？其实相当于增加学生的课外学习负担吧？"

这个疑问，其实北京四中网校的教研团队和学校实验团队都早已料到，但他们心里有底：翻转课堂其实是更为高效的课堂，因为它有技术手段做支撑，能够让学生的自学和在课堂上的小组合作学习成为可能。

在现实当中，对于学生来说，课下看课本自学，跟回家做巩固练习的感受是完全不一样的。

翻转课堂的课前自学，是有技术和资源支撑的。学生看了教材的内容，看了老师提供的短视频、微课后，只需在平台上做很少的自测题，一做完，分数就自动统计出来了，做错的题他们可以点开北京四中网校提供的在线教学平台上的"解析"功能，自己看一下正确解题方法。

在以往的教学当中，传统巩固环节的内容一般就是做作业，而且是进阶练习。只要是进阶练习，一般都不会是课堂内容的重复，而多是变形题、拓展题、拔高题。"你说学生做得累不累呀？烧脑筋也不见得做得对啊！"邹勤说。

"现在将这部分放在课堂上，下课了，问题解决了，还做什么进阶练习呢？不用了啊，学生的课业负担实际上减轻了啊，不用在家里去做一张张的卷子了啊，而换成了课前自学，有老师提供资源，有平台提供支撑，有在线的小伙伴们进行互动，明显轻松愉快很多。"

当然，这样对学生的要求就提高了。这个问题，交给评价机制解决，实验团队把家长也纳入其中。"你想想如果做好了是什么结果？学生的自学能力增强了，学习成为他自己的事。对谁有利呢？其实对谁都有利，老师、学生、家长都爽。所以，家长只要理解了，就一定会配合的。"邹勤说。

只不过，这样一来，老师的课前工作量就大大上升了。但总体上仍然切实减轻了老师的工作负担，老师们基本上不需要再改成堆的作业了。

又有老师来质疑："以我们学校学生的情况，如果学生在家的自学环节得不到保证，家长又不能支持到位，影响了接下来课堂学习的效果，就算翻转课堂开展了，最终仍然会有一部分学生很差。"

这一点，校领导和实验团队也早就考虑过，但在他们看来，这一后果是可以承受的。正如实验团队的一位老师所说的："事实上老师在讲课的时候，就已经在选择、在放弃了。"

事实上，学校搞翻转课堂最担心的不是学生自学问题，而是老师的问题。楚才中学的年轻老师特别多，教学经验不足，教学翻转后，很有可能管不住学生，而一乱就乱整个班，后果可能会很严重。

学校是这么处理的：所有工作三年以内的年轻老师，都给安排师傅。比如做微课时，可以让师傅出设计，徒弟录制视频，新老配合。

"顶层设计＋摸着石头过河"

说起来，这套模式刚拿出来时，确实并不十分完善。框架有了，但具体以什么规模、在什么程度、用什么速度来做，最早大家心里都没有准谱。而对于这套模式最终能达到什么效果，对学校能产生什么影响，也都没有什么明确的预期。学校的意思是，必须放到行动中去，模式才能不断改进和完善。"就是先拿出来试点，也调动教研组的力量再进行修改调整，这是校领导的意思。"邹勤说，"这种改革实验，本就是顶层设计＋摸着石头过河。"

新学期开学，新模式正式上线，全校瞩目。结果，出问题了。

新的模式，文科老师用起来特别扭。邹勤本人是语文老师，对这种别扭有切身体会，"感觉就是教学内容塞不进去"。跟实验老师们交流，大家都有这种感觉。

新模式是立足于本校原有"三导四步"模式，结合昌乐一中的"十环节"修改调整而成的，设计过程中虽然得到了北京四中网校教研团队的重要指导，但毕竟不是原创，大家最初没有考虑得那么周全，实际上拿出来的新模式更适合理科。

潘岚和邹勤收集了大家的意见，结合自己的研究，又向北京四中网校的教研员请教，对新模式进行诊断，最终得出的结论是：问题出在"二段"与"四步"的配合上。"二段里，每一段都有四步，就是这里别扭。"邹勤解释说，"比如课前自学阶段的四步就不一定全是模式里设定的这样，框得太死了。不是每个课型和教学内容都适合用这四步去框的。"

而如果要修改，二段是不能动的，这是翻转课堂的基本结构；三导也不能改，这是学校对课改的目标要求；要改的只能是四步，这是具体操作，应该文理有别，而且要考虑到不同课型的不同特点。

最终，实验团队达成一致意见：文科遵循教学内容自身的规律，在模式没有修改完成之前，能按模式来最好，不能的可以自行调整，但前提是必须遵循翻转的理念。同样的要求，对非实验班的老师也适用。"是不是遵循翻转的理念，这个很好区分，看看课前课上分别做什么，一下子就知道是不是翻转了。"邹勤说。

新模式由于针对文科的设计不到位，因此在文科老师那里遇到一定阻力，实验团队对此能够理解。但出人意料的是，在理科老师那里也遇到了阻力，他们嫌麻烦。老师们也没有什么激烈的态度，就是"非暴力不合作"，经常听到的一句话就是"我做不了"。

"这个也可以理解。翻转课堂毕竟是不一样的模式，不习惯是很正常的。不过模式本身应该是比较科学的，理科老师觉得别扭是因为还没吃透。"邹勤说。

对此，学校从自身的优良传统中找到了办法。跟过去"冲指标"一样，实验团队出动精干力量，一对一地面辅、手把手地教。

当心存抗拒的理科老师们真正试着用新模式来上课时，发现课堂效果很好，原先的抗拒心理也就悄然冰消瓦解了。"他们的感觉，至少比文科老师们一开始好得多。"邹勤说。

模式为本　灵活变通

信服并接受翻转课堂后，老师们的积极性就被自动激发出来，对模式的运用日渐灵活变通，到后来，老师们甚至将同一节课开发出多种不同的翻转模式。

比如，初中数学课中有一节相对比较独立的内容"三角形的中位线"。按照"二段三导四步"模式设计，这节课在二段之一的"导学质疑阶段"的一般翻转模式是这样的：导学目标有三，即理解三角形中位线的概念，掌握它的性质；能熟练地应用三角形中位线性质进行有关的证明和计算；能运用综合法证明有关三角形中位线性质的结论，理解在证明过程中所运用的归纳、类比、转化等思想方法。

四步则这么走：第一步，用 10 分钟时间完成教材自学。即让学生阅读数学课本相应页码的内容，在重点处或疑惑处做好勾画，理解如下概念：什么是三角形的中位线？一个三角形有几条中位线？三角形的中位线和中线一样吗？并完成几道填空题的自学检测。第二步，针对自学进度，合理安排时间，学生自行进入微课助学环节，用 10 分钟观看三个视频"三角形的中位线""三角形的中位线例 1""三角形的中位线例 2"，加深对前一步三个概念问题的理解，并提出不理解的问题。三个视频对应的知识点是：三角形中位线的概念和性质定理、三角形中位线定理的运用。第三步，用 5 分钟完成视频后面的"在线测学"部分。第四步，给2分钟让学生独立写出本节课的知识点或方法，并写出自己依然觉得有困惑的地方。

这节课在楚才中学的课堂上，同时通行着两种翻转形式：一种是常规翻转课，平时教学非常容易操作，非实验班也非常容易掌握；另一种是模式翻转课，要更多地借助北京四中网校的平台和海量的微课等教学资源。

前一种常规翻转，基本模式类似于"先学后教"。课前，学生通过自学教材、观看微课完成预习任务；课上，教学沿着自学检测—合作探究—交流展示—巩固提升四个环节进行，并配以小组合作学习、交流展示、点评提升等活动。其特点是环节紧凑，层次清晰，学生活动多。

后一种模式翻转，基础知识的学习完全放手让学生课前在家完成，老师只需提前制定好导学质疑册（即自学任务单）、布置平台预习作业（即微课任务和在线测学题），然后通过平台监测学生学习情况，了解学生在线测学题的完成情况，收集学生自学中的收获和疑难点，参与学生论坛交流，从而有针对性地进行课堂中的合作释疑。

自学检测环节可采取两次检测，一是课前平台上的在线测学题，二是课堂上的"课堂前测"，都可通过先进的软件程序快速准确地统计分析学生的答题情况，从而快速、真实、高效地了解学生的自学效果。

接下来，是两种翻转形式最大的区别所在。乐于尝试模式翻转的老师，此时可以交流展示、点评提升环节为重点和特点。这两个环节需要借助互动课堂软件才能进行。首先，学生手拿平板上课，新鲜；其次，老师可以直接发送板书到学生平板上，学生直接在平板上答题，好玩；再次，可通过软件轻松收集作业、拍照上传作业、对比学生作业等，快速、直观、高效；最后，可通过软件，随机抽取学生展示，或让学生抢答展示，或开展计时训练等，最大限度地避免学生的厌烦、腻味情绪。

学校数学教研组组长陈颖是楚才中学目前翻转课堂实践水平较高的代表老师，她就热衷于上模式翻转课。她说："模式翻转课教师是编剧，是导演，是主持人。剧情如何发生、发展需要你去编制；课堂如何进行需要你去导演；课堂气氛如何调控需要你去活跃。所以，要想上好一节优质的模式翻转课，对教师自身能力的要求非常高。"

模式乃长久之计　翻转非朝夕之功

到2015年年中，学校开展翻转课堂实验不过半年多，还处在前期试验阶段，此时学校已经加入全国首批翻转课堂联盟学校；实验班级实现了九年级全面覆盖，七、八年级均在5、6、7、8班推进。在市区微课大赛中，学校有10多名实验老师分别获得一、二、三等奖。

学生的成长也是明显可见的。由于采访时，学校刚刚推行翻转课堂一年多，实验班尚未参加中考，无法从升学率上给出学生进步的"铁证"，但学校分管翻转课堂工作的副校长谭婷记得一件事，这件事给她留下了极深的印象：一位物理老师专门做了一次实验，同一节课、根据同样的学案、准备同样的测试题、设计同样的教学活动，分别放在实验班和非实验班来上，结果非实验班的课上得沉闷无比，学生完全跟不上进度，而实验班恰恰相反。校内举办的各种活动，实验班的学生也远比非实验班踊跃。"学生的学习能力和心态、素质的差距，就在这些地方自然体现出来了。"谭校长说。

目前，楚才中学的"二段三导四步"模式比起最初提出时已经有了很多灵活变通的调整，但仍在修改当中。模式的提出和修改，都非一朝一夕之功，楚才中学尝试翻转课堂一年多以来，一直在研究和尝试修改，希望把它修改得更有普适性。这种研究和修改，一般是由潘岚牵头，依托教研组的专业研讨进行的。

对于技术团队在翻转课堂实验中的推动作用，邹勤十分推崇："技术团队充分介入，才能保证我们推出来的课是精品。你懂技术了，就能有更多的创意，否则，很多教学方式和手段你想都想不到。"

推行翻转课堂以来，谭校长最得意的一点是，学校正在逐渐从"校内翻转"上升到"家校翻转"层次。

2015年暑假前夕，武汉市所有的中小学都接到教育部门通知：除高三外，中小学校严禁假期补课。在不允许补课的新背景下，学校将翻转课堂实验扩展到了九年级，九年级数学组率先尝试以翻转课堂的方式进行教学，其他学科如化学、政治、综合实践、校本课程等，则由骨干老师自愿参与。他们从早上、中午和下午第四节自习课实行课内翻转起步，利用校内翻转教会了学生自学方法、培养了学生自学能力，最终达到了可以实行"家校翻转"的程度。在那个"最严禁补令"威慑下的假期里，楚才中学九年级的学生利用网上MOOC平台，进行了全科自主学习，开了汉阳区的先河。

随着学校翻转课堂实验的推进，瓶颈也随之出现：一是学校硬件设施的建设需要资金支持；二是学科微课制作占用了老师们的大量精力，如果得不到外部力量的支持，可能会后继乏力。

2015年9月17日上午，汉阳区教育局副局长卢朝东到楚才中学调研翻转课堂。会议室里，分管副校长谭婷在介绍了学校翻转课堂前期实验的成果之后，提出了进一步推进的瓶颈问题。卢朝东听完汇报，现场问了两个问题：一是翻转课堂是否需要推进下去？二是要推进下去应该怎么办？

对第一个问题，在座的楚才中学校长陈长俊、党总支书记王大成、分管副校长谭婷等人，以及随同前来调研的人员都纷纷表示，翻转课堂是现代教育技术发展的方向，肯定要推进下去，并针对第二个问题献计献策。随同前来调研的武汉市电科中心的老师提出，可以建立网络支持平台和激励机制；市教科中心的数学教研员桂文通表示，可以发动全区数学教师分工制作微课，来支持楚才中学的实验……

卢朝东当场表示："只要我分管教育技术工作，就要争取区财政支持，要举全区之力支持楚才中学翻转课堂实验。"

2015年12月24日，这是楚才中学接受武汉市督学进驻，进行创建"武汉市素质教育特色学校"督导评估的第一天。早晨7点，小雨沥沥，评估组组长、市督学王莉率领的专家评估组一行七人来到楚才中学，稍事休整，很快进入工作状态。作为学校课程改革的关键创新亮点，同时也是学校这次"创建"工作的亮点，翻转课堂是他们此行的重要评估内容。学校语文老师邹勤、数学老师赵莉杰、英语老师黄迎分别上了一节翻转课，听课的专家们给予了高度评价。最终，学校以高标准通过了武汉市素质教育特色学校的督导评估。

大连红旗高中的秘密

世上难事，莫过于百尺竿头再上一尺。对学校而言，三流进二流或许容易，二流进一流就难，而一流之内再要上升就难上加难。

大连红旗高级中学是辽宁省一所示范性高中，其用了极短的时间成为大连市重点中学的新秀。但是就生源而言，情势仍然严峻。2015年学校入学成绩是598.5分，而当地重点高中最高入学成绩是650.2分，相差52分。

为扭转局势，让红旗高中的学生在高中阶段能发挥潜力，让红旗高中能跻身于更优秀学校的行列，2015年学校在家长和学生的支持下将学生分流，成立了PAD教学实验班。在教师的教学还没有适应新的教学形式的时候，学生状态的改变给了老师们力量。尤其是期中考试，实验班学生的成绩高出普通班十几分。短短的两个月有这么大的变化，给学校所有领导及老师带来了更大的动力，并感叹一定要充分相信学生的潜力。期末喜报再次增强了老师们的信心，有更多的学生因此加入了实验班的行列。到底是什么让学生的成绩出现如此差距？让我们一起来探索红旗高中的课改之路。

缘起：一流之上再争前列

作为当地一流学校，红旗高中的教师队伍堪称豪华，拥有七名特级教师。这些特级教师都是学校花费巨大代价，从各地外聘来的。虽有这样豪华的教师队伍，但遗憾的是，学校的学苗只是当地上游之末的层次，这在一定程度上影响了学校在当地的排名。如何在此基础上进一步提升学校的教学质量，推动红旗高中真正攀升至当地一流前列水准，成为校长曹新安苦苦思考的问题。

2014年下半年，曹新安校长去福建厦门的大学上课，注意到教育技术的惊人演变。他目睹了南方的大学在教育技术融入教学方面取得的成就，当下心生一念：自己的学校也要如此接轨于时代，一定要引进最先进的教育技术、最前沿的教育模式，绝不能被动跟随、模仿别人。

曹校长回大连后，很快，红旗高中的中层干部们就都陆陆续续地外出考察了；到2015年6月，刚刚送走一届毕业生的原高三老师也集体动身，前往山东省聊城杜郎口中学，考察经典的"杜郎口教学模式"。同时，考察队伍也到北京四中网校深入考察，其目的是了解目前信息化手段与课堂教学相结合的最新发展状况，并观摩了北京四中教育集团校北京56中的翻转课堂（北京56中是北京四中网校翻转课堂课改实验基地）。考察队伍发现，这样的教学模式与红旗高中的学情、教情很匹配，让教学工作及学习过程都得到了优化。这场声势浩大的学习考察活动，从2015年3月开始，一直持续到8月。曹新安明白，翻转课堂改革与学校过去曾经尝试过的历次改革都不同，它是教育教学与信息化的深度结合，要通过网上网下无缝衔接的平台，呈现高质量的教育资源，巧妙引导学生进行自主学习，让学生终身受益。仅凭红旗高中自己的经验和资源，无法独立支撑完成这一转变，必须找一个合作伙伴。经过多方接触、严格甄别，学校最终选择北京四中网校为合作伙伴，一是可以借助其成熟的理念、模式与教学方法支持，二是北京四中网校有成熟的在线教学平台和海量的资源，更重要的是北京四中网校的教研团队可以手把手地实现"扶上马并送一程"课改指导。于是从6月开始筹备，这样正好能让当届高一新生入学赶上新的教学模式。

筹建：紧锣密鼓，大动干戈

一开始，这就是一场自上而下的改革。曹新安不打无把握的仗，他在决定展开工作之前，先去找了学校的老教师、特级教师交流，以其一贯的朋友之间平等交流的姿态与诚意，争取到他们的大力支持。抓到主动权，这才一把拉开了改革大幕。

整个筹建过程快速推进，从6月份下定决心开始，基本上是一个月一个台阶。7月，红旗高中召开家长会，取得了新生家长的认可。8月开始，学校从北京四中网校等单位请专家学者到校培训老师。9月初，就拿出了《红旗高中翻转课堂教学实施方案》，正式着手筹建"翻转课堂"实验班。

原本，曹新安校长担心家长不支持，一开始只准备筹建3个翻转课堂实验班，但他在7月的家长会上进行现场演讲和沟通后，家长们对翻转课堂的潜力和前景的认可程度超出了预期，最后报名自愿加入实验班的学生竟然将近290名，够建6个实验班的。这6个班的学生入学伊始就开始了新的教学模式，并且起点很高。

按照北京四中网校教研团队的建议，红旗高中引入北京四中网校爱学平台及四叶草云课堂，即PAD互动教学，进而实现课前课后大翻转和课上小翻转的教学与学的转型。学生课上用平板与老师进行课堂互动、抢答。当学生做对一道题目时，平板电脑屏幕上闪烁着鼓励的星星；当学生走神时，老师通过平板电脑发来震动提醒……这些无疑极大地增强了学生的兴趣，使原本单调的课堂变得生动有趣。考虑到平板电脑可能引起的干扰，北京四中网校的助教团队对每台平板都作了特殊处理，同时还采购了一批机柜放在教室里，每个学生都分给一格柜子，用来统一保管他们的平板，平时都锁起来，只有教学需要时才让开柜领用。

在大连的中学教育圈子里，红旗高中本就以"折腾"著称，学校建成以来，大小教改不知搞了多少，但从无一次如这般大动干戈。本地教育圈子里也有些议论，大意无非是：红旗高中真能整！

方向：契合本校学情的思路

基础设施建设基本不成问题，来自北京四中网校的翻转课堂模型和相关技术解决方案也已经很成熟，对于红旗高中来说，主要的问题其实在于怎样尽量平稳地过渡，以及使翻转课堂教学更好地契合红旗高中的学情。

在北京四中网校的教研团队和技术专家的指导下，红旗高中提出了一条可行的推进思路。

在模式设计上，红旗高中多年来一直实行基于目标教学理念的学案设计，这一教学方法不必推翻，完全可以根据信息化的要求进行一番调整，然后嵌入翻转课堂当中去。具体而言，就是根据本校学生的特点，将学案转变为学案导学，将学习任务单与学习任务内容一体化，按照课前学习、课中闯关的顺序节点设计，将知识有梯度地安排，使学生的知识、能力和非智力因素都能以此为抓手。

在教学组织上，学校安排实验班每天固定在自习课进行微课学习，完成第一次教学；之后，教师通过教学平台了解学情，在此基础上进行二次备课。课堂上主要是开展有针对性的混合式教学。一般来说，一堂翻转课至少设置预学交流、主题探究、即时反馈三个环节，才能有效启发学生去思考、质疑和讨论，快速培养出学生自主学习和探究的能力。

这样一节课，说起来简单，其实要拿出来相当不容易。红旗高中的一般流程是这样的：

集备组要打磨哪一节课，首先在组内推选出一位老师，然后到教研组立一个课题，教研组就开始为这节课设计整体框架。最初版本的学习任务单式学案导学和课堂设计出炉后，他们会找到北京四中网校的教研员，前期一起来备课，设计学习任务、做教学设计，后期老师逐渐掌握了新的教学方式，北京四中网校的教研员只是对他们的课堂设计进行评价和指导修改。

这节课在最后定稿之前，都不会在实验班上，会安排老师拿到其他班级试上，其他老师和北京四中网校的教研员会随堂听课，听完再给予一个评价，并帮助其再次修整。如此一轮轮打磨下来，总共要经过四五轮才能最终定稿，被安排到学校专门的阶梯教室去上公开课，邀请全校师生乃至校外的学科专业人士到场看课、评课。由于整个过程极耗时间与精力，一般来说，在教研组里立两节课，最终大约能推出一节。

这样做的好处在于，每一节翻转课，都是从老师日常的真实教学实践当中生长出来的，出来一节课就深深地扎根一节课，自然符合红旗高中的学情，对学校的渗透和改造也是自然而然、润物细无声的。

实施：校长挂帅打消疑虑

刚开始实施课程改革时，实验班有些老师还在动摇。他们其实真心想投入这场改革，但是心存疑虑。比如从课程设计上担心学生在课下先学效果不好；课上探究学生探究不出效果，影响上课效率；语文翻转后上不出语文的味道；等等。这些困惑也阻碍了行动。

曹校长来到教学处了解情况后指出：不是翻转课堂本身的问题，还是我们的功夫没有到位。我们需要思想统一，深入研究信息技术与教育教学相融合的有效方法，思考利用爱学平台如何实现翻转、达到课堂高效，这是需要在实践中总结的而不是在质疑中停留。于是，曹校长要求全校的翻转课堂排课表，他要亲自督导。

校长亲自挂帅督导，从开会到培训到听课，老师们看在眼里，行动上也重视起来，振作精神，开始积极参与投入。

曹校长和北京四中网校的教研员共同听了一个月的课，选了三堂相对成型的课。又去大连市教育学院请人，把该学院的9位教研员都请进了学校，对老师们进行进一步指导。

三堂课分别来自化学、生物、语文三科，算是学校翻转课堂入门的代表之作；任课老师都是学校翻转课堂集备组推选出来的，课也都是尽力打磨过几轮后才拿出来的。最终得到的评价不错。

这是红旗高中推行翻转课堂的第一个月。有了这次评课结果的参考，从第二个月开始，实验班的老师都大致摸准了翻转课堂的脉搏，开始步入正轨，学生也迅速适应了这种学习方式。

化学老师赵迎雪还记得当初利用北京四中网校的教学平台发布了她的第一个任务，下午在第八节自习课组织了一（4）班学生学习微课。学生对微课这个新生事物非常好奇，充满了兴趣，学得非常认真。经过在线教学平台的统计，有17人看了2遍，7人看了3遍，5人看了3遍以上，其余学生看了1遍，达到了使学生预习的目的，有利于课堂教学的开展。学生看过微课后，还进行了真实的反馈，如任务单中目标2、目标3不是很懂。晚上收集到学生的反馈信息后，赵老师进行了二次备课，这就有的放矢了。第三天，赵老师进行了第一次翻转。在这次尝试的过程中，她始终都处于一种亢奋的状态。后来和传统课堂的班级进行了一下对比，课前学习了微课的学生上课的积极性很高，他们是带着问题去听课的，课堂学习效果很好，这让赵老师对翻转课堂充满了信心。在这段时间，赵老师收到了很多的赞，还收到了学生的祝福和夸奖，当然收到最多的是学生给她提的问题。根据学生所提问题的难易，她把这些问题穿插在第二天的教学中，可以学生回答，可以教师讲解，还可以小组讨论。每次展示问题时，学生的积极性都非常高，尤其是提出问题的学生，她（他）感觉受到了关注、受到了重视，其他同学也非常乐意为她（他）解决问题，整个班级都处于一种积极、友好、融洽的氛围中。现在如果哪一天没有微课，学生就会问"怎么没有微课啊""我们不翻吗"，遗憾之情溢于言表！对赵老师而言，不翻转的话也觉得少了点什么，原来靠经验知道多数学生的问题所在，但现在觉得借助信息化平台和手段掌握学生的个性化问题才是最重要的。

改变：从教与学的改变到初期教学成果的呈现

转眼就到了第一学期期中考试。这次考试，实验班的成绩也令老师们欣慰。入学时，6个高一实验班的平均分是491分，只比4个平行班平均分高出12分；而期中考试成绩出来后，6个实验班平均689分，比4个平行班的平均622分足足高出67分！

学校对这次期中考试专门进行了总结。总结意见认为，大分差的形成，主要是学生的课前学习有效发生了，课前的任务给学生带来了新鲜感，微课可以反复听，让不同的学生有相对整齐的准备进入课堂，爱学平台的反馈调动了学生的积极性，课前学习氛围让以前完成作业式的被动学习变成了主动参与。并且老师的二次备课实现了以学定教的设计，让课堂效率变高。

孙赫同学告诉我们：这样的学习方式使我的学习更加快乐，每次在上课前，可以提前主动看微课，这本身就已经比之前写大量作业愉悦，而且每次自己都是带着问题看微课，心里就有了更多的底气；有时还可以在线上直接通过和同学交流解决问题，岂不快哉，哪还有痛苦之言！

逐渐走上正轨的翻转课堂，悄无声息地改变着红旗高中的一切，包括老师、课堂、学生乃至校园氛围。

无论是老师还是学生，最直接的感受是，课堂的节奏变快了！

课堂节奏变快，另一种解读就是课堂容量变大。在学校众多实验班老师当中，化学老师王智慧绝对是体会最深的人之一。

一节"一定物质的量浓度"的课，过去在传统课堂上，从学生看书到他讲解再到溶液配置实验展示，一般需要两到三节课时间。但教学翻转之后，在网络平台和微课技术的支持下，学生自学、习题检测、溶液配置步骤展示等内容，统统被他排到了课前自主学习环节，上课时直接让学生讨论难点、重点问题，例如"为什么同一份溶液的量，计算得出的数字和称量的数字不一致？"并直接针对这个问题，现场做实验展示，一边做实验，一边还能讲解实验器具、搅拌手法等更加细致的知识，结合PPT讲解，对课前自主学习阶段的微课内容进行补充。

整堂课容量大、节奏快，原先三堂课才能讲完的内容，如今一堂课就能解决。更关键的是,这种容量和节奏,大多数学生都能跟上。对于这一点,王智慧老师深有感触。当老师的都有体会,传统课堂一般只能照顾中间层次的学生,因为学力强的学生不用照顾,吊车尾的学生也照顾不上,只有中间层次的学生占大多数。老师都不希望作出这种选择,但传统教学模式决定了现实课堂只能如此。而翻转课堂重新组织了教学形式和节奏,打破了这一"魔咒"。

如今,除了教学推进的流畅高效之外,"心安"就是王智慧老师最大的感受。

当初红旗高中就翻转课堂搞动员时,为了激发老师的积极性,曾经许诺,每位参与的老师给予一定的物质奖励。但老师们没有人要求什么额外的物质奖励,微课照录,课照上。他们更加在乎学生和其他老师对自己课堂的评价,更加重视学校"名师工作室"里那些优秀教师、特级教师对自己教学的评价意见。对于他们来说,学校搞的翻转课堂考核,与其说是考核,不如说是一种积累。

在此过程中,学生们同样在改变。

作为一所寄宿制学校,按惯例,每周五是学生回家的日子。过去,一般每到周五下午,学生们虽然身在课堂,心却早已飞走了。老师们对此心知肚明,但人之常情,也无话可说,都习惯了。

但不知从什么时候起,老师们惊讶地发现,周五下午放学之后,教室里不再"呼啦"一下全部散空,竟有三三两两的学生留下,或看书,或做作业。

说到学生的作业,这是老师平常用来衡量教学质量的重要参照物。语文老师郑霄霞并不是第一个注意到学生作业变化的,她说,不知从什么时候开始,学生们的作业都能尽数上交了,而且从卷面、行文特点及正确率等来看,处处可见学生的用心。她一眼就能看出,这样的作业,"含金量"与过去已是不可同日而语。

收获:成绩与"幸福的烦恼"

转眼一个学期过去了,高一翻转课堂实验班的期末考试成绩再次大幅提升,事实上已经达到当地最好学校的水平。

这次期末考试成绩一出,曹新安校长悄悄松了一口气。外人并不知道,他当初其实做好了两手准备:翻转课堂若是成功,自然皆大欢喜;若是教学质量不升反降,那么他打算在这批学生高二时改成分层教学,即按不同的成绩层次,各自给安排合适的老师上课,每科都如此处理,以弥补教学质量的损失,避免将来影响学生的高考。他甚至为此一开始就安排好了,通过北京四中网校在线教学平台随时收集、整理所有的教学大数据,一旦学生水平出现明显参差不齐的现象,就可以利用这个大数据来给学生精确分层、精确安排课表和合适的老师。当然,要说改回传统课堂形式,那也回不去了。

无论如何,翻转课堂实验大获成功,全校欢欣鼓舞、干劲大增。连带着翻转课堂班上让学生用平板电脑"抢答"的风俗,也在普通班流行开来——虽然后者没有平板电脑,但他们可以直接站起来,一样实现抢答。

红旗中学如今从上到下对翻转课堂信心十足。信心的来源,除了两次考试成绩之外,还有学生家长的认可。实验班的期中、期末两次平均成绩传出后,原先对翻转课堂持观望态度的家长们,许多也按捺不住了,纷纷要求给自己孩子报名进翻转课堂班。这次报名人数太多,如果全放进实验班也不现实,学校按考试成绩来筛选,只取了其中的前100名,加上原先6个实验班280余名学生,总共排出了7个班。

但"幸福的烦恼"也随之而来。增加一个班后,学校的网络带宽一下子捉襟见肘,特别是几个实验班同时用网的时候,上传下载明显滞缓,一定程度上影响了教学流程。这已经不是在教学楼里多增加几个Wi-Fi热点能够解决的了。

为此,2016年"两会"期间,曹校长又"出门"了。他以市人大代表的身份向大连市建议,给学校开通教育专线,以满足现代信息化环境下中学教育模式改革的急迫需求。

明天:校园里的生机与活力

有时候,红旗高中的老师们还会想起,当初学校的翻转课堂刚起步时,来自外界的种种冷嘲热讽。"红旗高中真能折腾!"是他们常常听到的一句话。如今,这些都风流云散、无踪无迹了,眼中只见焕然一新的校园,还有振奋活泼的学生们。

如果你熟悉曾经的红旗高中,你肯定知道,这个学校的早自习是从6:50开始,但这个时间的校园一般都还静悄悄的。你肯定也知道原因:作为一所寄宿制学校,学生一早爬起来,从宿舍走到教室,仍会有一点没睡醒的状态,即使开始早读,人也是闷闷的。这时的校园,整个都有点无精打采。

如今,你若再次走进这个校园,则会发现,时间没到6:50,这里就已书声琅琅。这些书声主要来自翻转课堂班,那些孩子的早晨比普通班更加生气勃勃。

你若想知道为什么,不妨亲自去问问,红旗高中的少男少女们会告诉你,只因他们在翻转课堂中一言一行都能得到回应,他们感到了尊重。受到尊重的人,会更加积极、更加乐意展现自我,爆发出更强的能量——这就是红旗高中的秘密。

学生学习兴趣提升案例

2010年国务院颁布的《国家中长期教育改革和发展规划纲要（2010—2020）》奠定了未来十年中国教育发展改革的基调。2012年教育部印发的《教育信息化10年发展规划（2010—2020）》中明确指出：我国将以教育信息化带动教育现代化，从而促进教育的创新和变革，促进教育公平，提高教学质量。

从国家到地方相关部门，对于教育信息化的重要性和紧迫性越来越给予高度认可，且在资金与政策等方面给予大力支持。由信息技术带动教育模式的改革，最终对教育的发展产生革命性的影响与作用，"互联网＋"教育、大数据、云平台和智慧校园的时代已经来临。可以说，教育的信息化是教育发展的必然趋势。

陕西省靖边县第四中学、厦门双十中学海沧附属学校、厦门松柏中学、成都龙泉一中等校，正是在这个大背景下开展翻转课堂教学的。

对于多数学生和家长而言，"翻转课堂"是一个陌生的字眼。想想我们以前的教学，老师在课堂内上课，学生在课堂外消化知识，当学生在课外需要克服学习中的重点、难点时，老师却不在场，于是学生发生错误积累。而"翻转课堂"能很好地解决这方面的问题，且能发挥学生的主观能动性。

大量的案例证明，翻转课堂对于提高学生的学习兴趣有非常大的帮助。而最直接的证明，就是学生的成绩大幅度提高，比如靖边四中的刘洋从班级倒数一下子进步了117个名次。像刘洋这样的例子，同样出现在烟台十一中、烟台十四中、长沙明德华兴中学、大连红旗高中、成都龙泉一中、海南中学、库尔勒三中、洛阳五十九中、赣州厚德外国语学校、庆阳二中、靖边四中及北京四中网校天津分校、唐山分校、厦门分校……

对这些孩子来说，成绩的提升只是一方面，更深层次的意义是，随着成绩的提升，孩子们能更加乐观、主动和自信地面对学习甚至是生活上的挑战，这一点对孩子们未来的发展有极其重要的意义。

靖边四中：新型学习模式帮助学生重拾自信笑容

"差生"学习的新突破口

陕西省靖边县第四中学（以下简称靖边四中）七年级（1）班语文老师贾凤晔仍记得第一次见到刘洋同学时的情景，"沉默寡言，眉宇间流露着跟年龄不相称的，说不清是冷漠还是忧愁，或许二者皆有的气质。"

当老师多年，贾凤晔阅人无数，最让她担忧的不是刘洋的沉默寡言，而是这种沉默会蔓延到课堂上。事实如她猜测的那般，"你问一句，他答一句，绝不多言。若问得多了，他头一低，干脆闭口不言，任你说，任你猜。"

上课时，他沉静地坐着，默默地写着，老师抛出一个问题，反应敏捷的同学纷纷举手，他仍旧无动于衷，当老师投去探寻的目光，他会躲开眼神，再不抬头。若点名叫他，他显出无奈的表情，不情愿地低声回答，因为不自在，红色晕染了脸孔。这已经成为刘洋在学校的日常状态。

这种对学习不理不睬的态度最让老师揪心，贾凤晔知道，刘洋跟她遇到的不少内向的同学一样，将会成为一个被多数老师记不住的学生。

尤其是月考成绩出来后，当刘洋知道自己在班级48个同学中排名后三名时，他更沉默了，头低得更低了。

贾凤晔很着急，作为老师，她深知，成绩的好坏会影响一个学生的未来，"我们该如何帮他呢？"为此，她跟刘洋的家长做过多次沟通，发现孩子基础弱，听力不太好，接受知识慢，跟不上进度，消化不了课堂讲授的知识。

问题的症结找到了，那么，贾凤晔该如何帮助刘洋呢？如果按照传统教育思维，除了个别辅导外，似乎找不到更好的办法。但是，科目那么多，在校时间有限，个别辅导显然不切合实际。

正当贾凤晔踌躇之际，靖边四中恰到时机地引入了北京四中网校的翻转课堂，让贾凤晔及其他面临同样问题的老师如拨云见日，豁然开朗。

紧抓时代发展趋势下的新契机

北京四中网校榆林分校与靖边四中的携手，源于2015年5月23日全国中小

我们要建设怎样的课堂

学智慧校园实施计划正式启动这一大背景。加快制订并实施"面向智慧校园信息化行动计划"是教育发展的必然，靖边四中当机立断，紧紧抓住了这一契机，当月便与北京四中网校榆林分校进行"靖边四中数字化自主学习课堂"模式研讨，探讨在网络环境下，借助北京四中网校在线教学平台及网下高效课堂模式开展课内和课外的自主性学习，促进现代教育技术在课改背景下的课堂教学中的实际运用，将现代信息技术与课堂教学深度融合，开始了"数字化自主学习课堂"（也称翻转课堂）的实践。

随后，学校在6月份组建数字班教师团队，团队成员先后到北京四中网校取得成功的数字化典范学校考察，如河南洛阳实验中学、四川成都人北路中学、北京五十六中等。取得真经的授课老师怀着拳拳之心，立志要做好数字化课堂。

经过反复论证，最终确定在七年级（1）班和（2）班开展"数字化自主学习课堂"。在8月开始招收初一新生时，学校发放"致家长的一封信"，倡导学生自主自愿报名数字化班。9月1日，正式开始对这两个班的老师、学生进行平台操作使用的培训，数字化班开语文、数学、外语3门课程，每周每学科数字化课堂翻转一次。

学校没有全科目、大范围地开展翻转课堂有两个原因：第一，这三科老师的计算机水平和教学理念较先进；第二，这三科每周一次频率不低，由于对任何新生事物的认识、适应和接受都有个循序渐进的过程，不可能一步到位，这也符合学生的认知规律。

靖边四中业务副校长兼教务主任刘元有仍旧记得2015年组建数字化自主学习班时家长和学生踊跃报名的火热情形，"当时有接近200名学生报名要求进入该班，最后组建班级时学校通过仔细筛选，最终确定了96名同学。"刘洋便是这96名学生当中的一员。

数字化翻转课堂开展两个月后，"我发现，刘洋开始主动举手了，问他课文讲解的内容，他边看笔记边说，虽显紧张，但也答得不错。"贾凤晔亲眼见证了刘洋从对学习兴趣缺失、不敢也不愿意回答问题，到开始回答问题但不够自信，再到后来自信十足、唯恐落后地举手回答问题的一系列变化，这令她欣慰不已。惊喜还在后面！贾凤晔发现，刘洋回答问题的次数越来越多，眼神里多了笑意，举手时多了急切，表达能力和交际能力也大大提升。

学习兴趣提升后最直接的表现是，刘洋的成绩得到极大提高。数字化翻转课堂启动后的第一个期末考试，他的成绩在全校进步了117个名次，堪称"神速"的进步速度令所有老师和学生惊叹，刘洋也因此受到了学校的奖励。

翻转课堂真有这么神奇的效果吗?

刘元有介绍,翻转课堂将原来教师在课堂上大量讲解的内容提前到了课外由学生自学,而将学生原来在家的练习移到课堂中。虽然传统教学提倡先学后教,但是学生长年累月下来已经对老师有了依赖心理,不难想象,如果完全靠自主学习,课前预习的效果极差。而翻转课堂这种新颖的学习模式,很巧妙地将学习与面对面教学、新知识与技能的学习以及应用和迁移有机结合起来,实现了有效学习。

老师在课前会为下节课做足准备,提前几天把微课形式的新知识点发给学生,让学生在家看微课、做习题,学生可自由地根据自身情况安排和控制自己的学习进度。学生完全可以在轻松的氛围中学习,不需要像在课堂上老师集中教学时那样精神高度紧张,或因分心而跟不上教学节奏,还能够自主决定观看微课的节奏和步骤,不理解的可以反复看,也可以停下来仔细思考,还可以在线向老师和同学寻求帮助。

"这样可以获得很好的教学效果,有利于实现公平教学,减轻教师负担。以前学生生病或因其他原因没有上课,通常要老师给补上,现在用老师的微课学生在家里、在任何时间都可以学习。"刘元有强调。

而且,对于这种新的学习方式,学生们很配合,也很乐意采用,这让刘元有大大松了口气。无论何种学习方式,最终的目的是要提升学生对学习的兴趣。刘元有注意到,学生学习兴趣的提升,体现在学习微课的热情和课堂表现上的积分奖励。

学习基础一般的学生,如果按以往的奖励标准,也许没有一次奖励的机会,但微课学习让这些学生找到了肯定自我的方式。他们每天认真观看微课、做习题,甚至有学生成为数学、英语两科的班级积分王,学习热情让人刮目相看。

翻转课堂除了让学生对学习的兴趣大大提升外,刘元有认为,更重要的是学生对学习产生了自信心。"会用三色笔完成学案,能及时反馈问题,而且学生之间在网络平台上可以随时交流并解决问题。"

翻转课堂实施一个月后,数学老师王刚这样评价目前的课堂,"这样的课堂模式非常好,老师通过平台能及时掌握学生的学习状态。学生通过课前听微课、做习题,大大提升了预习效率,使得他们在第二天的课堂中大大提升了对知识点的理解和掌握,提高了听课效率。学生为了获得奖励积分,课堂上踊跃发言,课堂气氛活跃,老师和学生共同参与到课堂当中。"

翻转课堂实施两个月后的期中考试,两个数字化翻转课堂班取得了优异的成绩，语文和英语并列全年级单科第一，总成绩分别名列全年级第一名和第三名。

"这种学习模式不仅新颖而且能够增加学生的学习兴趣。"

"孩子能够进入数字化班级是正确的选择。"

"有了这种学习模式，相当于给孩子请了个家庭教师。"

"更重要的是孩子的变化，积极主动了，敢于发言了。"

……………

这是期中考试之后，学校举行的"靖边四中数字化翻转课堂班公开教学暨家长座谈活动"上家长的发言。他们对数字化教学给予了高度肯定，纷纷表示愿意长期支持和配合数字化班老师的任何工作。

要让更多的孩子能够从翻转课堂受益

"数字化翻转课堂教学模式大大提高了学生课堂参与的积极性和热情。"贾凤晔总结说。事实上，数字化翻转课堂改变的不仅仅是一个刘洋，还有千千万万个求知若渴的学子。

王刚老师对七年级（2）班王逸婷的印象非常深，因为在他以往的印象中，王逸婷是一名普通的女生，在班上不起眼，还特别胆小、腼腆、不喜欢说话。"对于这样的学生，其实我最担心，不光是担心她在班级里怎么和其他同学交往，更担心的是她的学习。"

根据以往的经验，王刚知道，这样的孩子在学习上遇到问题只会藏在心里，问题越积越多，成绩肯定会掉队。果然不出他所料，开学的第一次月考，王逸婷的成绩很不理想。

王刚回想开学的这一个月，王逸婷在课堂上从来不举手回答问题，小组讨论时也只是一个人默默地坐在那里听其他人讨论，有时提问到她，回答问题的声音特别低，几乎听不到。王刚曾试过主动找她谈心，对方却什么也不肯说，这让他束手无策。

"翻转课堂上课后不久，我慢慢地发现，她上课时的眼神不一样了，小手也慢慢地举了起来，回答问题的声音也大了，整个人看起来比以前自信多了。"

王刚很想知道是什么触动了这个腼腆、不主动学习的学生，使她前后发生了惊人的变化。在一次课后，他找王逸婷交流后终于知道了答案。原来她在家提前看微课，不懂的地方可以反复去看，一旦习题做错了，还能看到详细的解析。如果还有问题没能得到解决，她可以第二天在课堂上得到帮助。

毋庸置疑，是翻转课堂改变了王逸婷，让她能够在第二天的课堂上跟上老师的讲课进度，和成绩好的同学站在同一个起跑线上。如果以前的学习基础不牢固，也可翻出以前的微课，以勤补拙。可以说，王逸婷找到了一个更适合自己、更方便、更高效的学习方式。因为这样的课堂能让她找回自信，特别是课堂无错论，即使回答错了老师也会给奖励，或者让其他同学纠错。翻转课堂让她不再害怕老师、同学还有错题，最重要的是她愿意举手争取回答问题的机会了，也能慢慢听懂老师讲的课。

不出所料，王逸婷的成绩进步了，期末考试的成绩在班上前进了15名。"老师引导学生主动而不是被动学习，我相信这是我们作为教育工作者最大的心愿，翻转课堂做到了。"王刚为王逸婷的变化发自内心地高兴，他还说："我希望有更多的孩子可以用这样的课堂去学习。"

"作为一名老师，亲身经历了这样的教学模式，感觉我和孩子都受益匪浅。"刘元有如是评价翻转课堂。

目前，学生在课前完成网络学习任务的习惯已基本形成，对北京四中网校在线教学平台的应用熟练度也有了很大程度的提升，这有利于老师在课堂上进一步拓展延伸，课堂教学的广度和深度得到了加强，学生的学习效率也得到了提高。鉴于此，学校计划在2016年再组建2~4个"数字化自主学习"班，直接利用北京四中网校四叶草云课堂系统，即课堂上利用PAD直接互动教学，以便更有效地提升学校的课堂教学效率，促进学生学习方式的转变，实现"互联网+"课堂教学的深度融合。

成都龙泉一中：翻转课堂，地理学习的"新大陆"

摆脱"沉闷"的课堂

下午4点，成都龙泉一中第二节课的下课铃声响起，学生们陆陆续续走出教室，高二（3）班的黄子恬一脸轻松地走出教室，虽然刚刚结束了一门课，她却不显得疲惫。站在走廊上，一边细细回想着刚才讨论的新知识点，一边计划着下节课新知识的预习安排。

上课拿着网络实验班配备的学习用具——iPad，老师利用iPad讲解知识点，学生可以将老师讲解的重点录成视频或音频保存下来，以备不时之需；对知识点有疑问时，可立即用iPad提交问题，老师也会马上答疑解惑；课余时间，利用

iPad 上的离线内容进行复习和巩固；每日晚自习一个小时的网络开放时间，学生完成白天老师布置的网上作业后，预习教材，下载需要的学习资料，用做题软件进行补充训练和巩固。这种新型的学习方式在成都龙泉一中高二（3）班已经成为常态，而且这种学习方式有一个专有名词——翻转课堂。什么是翻转课堂？"简单来说，就是把课后和课堂上的内容调反过来。"这是高二（3）班的黄子恬通过翻转课堂学习后对其的理解。

成都龙泉一中为开展翻转课堂教学，专门设定了6个网络实验班，每一个年级有两个班，其中就有黄子恬所在的高二（3）班。到目前为止，高二（3）班用翻转课堂上地理课已经有三个学期，除地理课之外，语文课、历史课、政治课偶尔也会用到翻转课堂。

从小学到初中，黄子恬经历了跟所有的中国学生一样的"老师讲、学生听"的上课方式。中考结束后，她想象过两个月后将要开始的一段新的校园生活，想象过将要遇见的新同窗、新老师，想象过将要学习的新知识，唯独没有想象过高中课堂是否会有不同。在她的潜意识里，安安静静地听老师讲课，认认真真地记笔记是亘古不变的课堂印象。

然而，高中第一学期开学没多久，当黄子恬还在适应新环境的时候，地理任课老师许绍芬为他们带来了第一堂地理课的翻转课堂，这让班上的25名学生兴奋了。"它像地理学习方式的一块'新大陆'，焕发着独特的光彩。"黄子恬如此形容她对首堂翻转课的感受。

无疑，黄子恬是幸运的。入学那年，正好是成都龙泉一中引进北京四中网校翻转课堂的第一年，新颖的学习方式让新生耳目一新，带给他们的是新奇的学习体验。

黄子恬突然觉得，以前安安静静听老师讲课、认认真真记笔记的上课方式似乎有些"沉闷"了。"真的是要比初中好很多，因为初中上课有点乏味，注意力也没有这么集中。"她评价说。

初尝翻转课堂的"甜头"

事实上，跟很多之前没有用翻转课堂上课的学生一样，黄子恬虽然在入学时听老师介绍过翻转课堂，但是，在没有真正经历翻转课堂之前，她单纯地认为只是换了一种上课方式而已，不变的是，仍以被动的方式完成老师留下的学习任务，依然要在老师的指引下重复着前一天的学习节奏。

在她看来，即便是有些自律性比较高的学生提前预习了课程，也不过是提前熟悉了课程内容，知识的真正理解和沉淀依然要在课堂上完成。老师主导知识传播，学生被动接受知识的现象没有得到改变，也没有体现出学生的自我能动性。直到那节关于"三锋"知识点讲述的课程结束后，她尝到了翻转课堂的"甜头"。

虽然时隔一年多，黄子恬至今对许绍芬老师为翻转课堂教学录制的关于"三锋"的微课仍记忆深刻。微课当中有一段冷锋、暖锋及准静止锋形成的示意动画，这段示意动画把书本上静止的冷锋、暖锋及准静止锋图片转化为动态画面，有形地展现出"三锋"形成和变化的整个过程。新颖而生动的知识呈现方式深深打动了她。许绍芬老师流畅自如、富有节奏感的讲解方式更是加深了黄子恬对"三锋"的印象。她觉得自己有些喜欢上了这种活跃而有趣的新课堂。

黄子恬从小学到初中品学兼优，一直是老师眼中好学生的典范。认真学习是她一贯的态度，无论是哪门科目，她都能保持良好的学习态度，对地理课也是如此。不过，在此之前，她对地理课没有表现出明显喜欢和热情。然而，翻转课堂引发的学习方式的变化，让她对地理课的态度慢慢有了改变。如果说一开始是抱着新鲜感、好奇心去体验翻转课堂的，那么，自经历这堂课以后，她开始正视翻转课堂，从把地理当作任务去学习到主动去学习，并期待地理课的到来。"跟传统课堂相比，翻转课堂可以说是一片截然不同的'新天地'。"黄子恬说。

作为互联网原住民，黄子恬和她的同学们对新事物的接受能力很强。所以，在高一第一学期接触翻转课堂时，他们并没有抵触情绪，反而是很欣喜地接受了。但是，这并不代表他们就此适应、习惯并喜欢上翻转课堂。

因为翻转课堂对学生的适应能力、学习能力、自制力都提出了挑战。学生能不能迅速适应新的学习方式，能不能快速进入状态，能不能在课前缺少老师的情况下完成学习任务，等等，都是摆在学生面前不可忽视的问题。不可否认，翻转课堂虽然一开始能让学生对上课充满新鲜感，但是对学生的挑战太大。翻转课堂如果不能激发学生的学习热情并使其长久地保持对学习的兴趣，那么，对学生来说，这样的新鲜感是有保质期的。

真正让黄子恬开始喜欢上翻转课堂，是在她自己动手解决问题之后。无论是预习新知识点还是在课堂上，每当黄子恬对所学的某些知识点产生疑问时，她的第一反应不再是留着让老师解答，而是自己先尝试借助手头上现有的工具，查阅相关资料答疑解惑，如果解决不了，再向老师提问。

"如果我能自己动手解决掉它，说明我对知识的吸收已经达到了一个理想的

我们要建设怎样的课堂

层次；反之，若是不能解决，但在发现问题的过程中，我也培养了自己发掘问题的能力，这个能力的重要性不亚于解决问题。"到现在，她还记得第一次独立自主解决问题时的欣喜和满足。

爱因斯坦曾说过：提出一个问题比解决一个问题更重要。也许，正是因为翻转课堂通过提问的方式，激发了黄子恬对新知识的探索热情，从而大大提升了她对学习的兴趣。"一边通过微课看着条理分明的知识，一边解决自己的疑惑，学习的人难道还不会愉快起来吗？"黄子恬的语气很是欢喜。

学生开始"主宰"课堂

翻转课堂，既是把课堂的讲授翻转到课前，也是学生和老师角色的翻转。学生在课后自主学习新知识，掌握学习主动权；而老师则在课堂上扮演着组织学生对知识进行巩固和运用、解答学生在先前学习中遇到的问题的角色。学习过程前置，学生被动听课的局面已经改变了。"这三个学期的学习历程使我受益颇多，感受也颇多，其中令我感触最深的一点，便是我能灵活自主地利用时间学习。"黄子恬喜欢这种掌握学习主动权的感觉。

如果能成功应对翻转课堂提出的挑战，"就意味着我们的适应能力和学习能力的水平又上升到了一个新的高度，因此，我们必须着意培养自己学习的独立性，养成自主思考的习惯。"在她看来，没有什么比独立思考更重要的事了。

青春期的孩子们似乎天生就有冒险基因，对于自己未知的事物怀有强烈的好奇心和探索精神。他们渴望独立，热衷于亲自揭开谜底、挖掘"真相"。较之被动接受，他们对主动获取表现出更大的兴趣和热情。而翻转课堂的"翻转"式学习，恰恰契合学生们的心理特点。一点一点地向学生们提出挑战，激发他们挑战的欲望。相比起传统课堂教学模式的相对乏味，这也不难解释，每当有地理课的那天，高二（3）班的 25 名学生心中都会隐约有些兴奋和期盼，这也增强了他们对地理学习的兴趣。

班上的 25 名学生经过三个学期的翻转课堂之后，有了明显的改变。黄子恬发现，虽然学习时间被移到课前，但是为了学懂新知识，同学们会主动地认真参透教材，不会把学习当作老师布置的任务而敷衍了事。

另外，传统课堂上经常出现的精力不集中的情况在翻转课堂上有了改观。以前，一旦错过老师讲解的难点和重点，老师不可能为一个学生单独再讲一遍。换成看微课后，黄子恬最大的感受是学生与老师之间的距离拉近了许多，即使偶尔不经意间走神了，却也能因为老师的声音就响在耳畔，画面的变动就在眼前，而意识到听课的人只有自己，如此便很容易地被拉回课堂中。在她看来，传统课堂是"一对多"的形式，微课是"一对一"，故而更容易让人不由自主地集中注意力，保持在课堂上的专注度。

这种"一对一"教学，让黄子恬和她的同学们有备受重视之感，他们也以认真学习作为对老师的最好回报。黄子恬注意到，传统课堂上学生消极对待老师提问和互动的情况得到了改善，一旦学生有想法或问题，要么直接在课堂向老师提问，要么在iPad下方提交问题，老师收到后能立即给予回复。而传统课堂上，虽然老师会给学生提问题，但是能主动回应的寥寥无几，这在传统课堂上已经成为常态。

对那些性格内向、不善表达的学生来说，翻转课堂的互动方式，无疑极大地增强了他们的信心。自信心提升后最直接的变化是，学生在课堂上更活跃了，更喜欢提问了，整个人的状态也发生了变化，变得鲜明、活泼起来。当发现问题、提出问题成为一种习惯之后，随时学习将成为一种本能，对学习的兴趣便能长久保持。

黄子恬讲了一个细节：我们班的地理课上，许绍芬老师会利用"北京四中网校四叶草云课堂"系统在iPad上把她选择过的题目传送给我们，或让我们自己去点开她已经发布在网络平台上的题目进行练习。做完习题后，我们可以了解到自己答题的情况，做错的题、先前拿不准的题可以在相应的题目下找到解析；如果看了依然不懂，再去询问老师，或者直接学习系统自动推送给我们的相关知识的讲解。这样一来，既锻炼了独立思考的能力，又节约了老师的时间，两全其美。由于系统能对学生的答题情况进行统计，所以，老师对班上任何一个学生的答题情况都了如指掌：谁没答题、谁错了几道、哪些题错得多。传统课堂中的老师哪里会有足够的时间统计？又哪里能区分出学生对知识点的真实掌握情况？但是翻转课堂上的老师却不费吹灰之力，即可让每一个学生都能找到合适的学习方式。

在翻转课堂新大陆上探索未知领域

如今，黄子恬对用翻转课堂上地理课已经很习惯，她与她的同学一样，在上地理课时获得了轻松、愉快的学习体验，同时对地理知识有了更深的了解。她很庆幸自己成为网络实验班的学生，她说："网络实验班本身具有的学习条件、所营造的学习氛围拓宽了我们的学习广度，加深了我们的学习深度，使我们能因人制宜地选择学习方式方法,增强学习积极性,提高学习效率。"

2015年10月,黄子恬在记录自己的心情时写下了这么一段话:五百多年前,一个叫哥伦布的探索者和他的船员们,乘长风而破万里海浪,从而有了震惊世界、意义深远的"地理大发现";而如今,在地理学科上,我们也有这样一个"大发现"——我和我的老师、同学们,正在翻转课堂这片新大陆上,上下求索。前方还有很多未知,或许是惊喜,或许是难处,但无论如何,路依然要走下去。愿我们能够在这片新大陆上,找到梦寐以求的黄金、象牙和宝石。

厦门松柏中学、双十中学海沧附属学校:智慧课堂,突破学习困境的"钥匙"

公开课上闪耀的"新星"

2016年3月11日下午,厦门松柏中学高中部的一间教室里正在进行初一年级数学老师熊述华的公开课,这是面向本地6所学校选出来的30名初一年级学生的数学公开课。厦门松柏中学是6所学校当中的一所,提供了这次公开课的上课地点。

公开课自然少不了学生上讲台展示,厦门松柏中学初一(5)班的郑乐桐通过小组集体讨论后,被选定为小组代表上台解题。讲台上的郑乐桐思路清晰、条理分明,整个人散发着青少年独有的青春活力。他解题时的意气风发,令坐在教室最后排观摩教学成果的初一(5)班班主任张丽芳老师惊讶不已。

讲解完毕后,郑乐桐在张丽芳老师和同学们惊讶又赞许的目光中从容地走下讲台。如果有人仔细观察的话,还能发现张丽芳老师惊讶的目光中有些许兴奋的光芒,似乎有一种"吾家有女初长成"的成就感;如果有教过郑乐桐的其他任课老师也在现场看到郑乐桐的表现的话,或许会跟张丽芳老师有同样的反应。

因为那个上课总是开小差,平均成绩在20~30分,总是在考试时拖班级后腿,对老师上课讲的内容基本不懂,对学习更是缺少兴趣的郑乐桐,居然作为小组代表,在6所学校联合的数学公开课上上台讲题,这跟他们印象中那个令人头痛不已的"后进生"几乎是完全不同的两个人。

不过半年的光景,是什么原因让郑乐桐发生了如此大的变化?如果真有这种

"神丹妙药",那么,部分学生不爱学习的问题是不是就能得到解决?

"神丹妙药"就是智慧(翻转)课堂

北京四中网校厦门分校的助教老师苏灿阳或许能回答这个问题,他每周都要到松柏中学查看学校课改工作计划并跟踪学校课改的进展,因此,他见证了郑乐桐转变前后的全过程,"我看到这个孩子从在传统课堂题目都不会做到敢于上台分享做题的过程。"为什么会发生这么大的变化?苏灿阳揭开了谜底,"是通过智慧(翻转)课堂一次次不断合作、展示的机会,让她的学习态度发生了非常大的转变,对学习的兴趣也越来越高。"

因为工作的原因,苏灿阳见过非常多的基础比较薄弱的学生,也就是所谓的"后进生",跟郑乐桐的情况非常相似:课堂上基本不发言,老师讲的内容基本听不懂,对学习兴趣不高,成绩不好。而智慧(翻转)课堂成为这些"后进生"转变的一个契机,他注意到,自智慧(翻转)课堂后,这些学生开始慢慢地朝着非常乐观的方向发生转变。

那么,苏灿阳提到的智慧(翻转)课堂是什么?它真的能帮助学生提升学习兴趣吗?

在回答这两个问题之前,有必要先了解一些厦门市的教育情况。因为这一切变化的发生,跟厦门市整个教育环境的变化有很大的关系。

时间可追溯到 2013 年。当年,厦门市教育局制定了"厦门教育信息化 2013—2015 年发展规划",并提出霸气的两个"率先"目标:到 2020 年,率先实现教育现代化;率先形成学习型社会,进入全国教育强市和人力资源强市前列。厦门所有的公办学校积极响应发展规划,很快便实现了宽带网络"校校通",到 2014 年,宽带连入教室,实现了"班班通"硬件全覆盖,这两个指标在福建省都是率先实现的。

教育局从政策层面的支持,以及学校对实施教育信息化的清晰认识,为智慧(翻转)课堂的广泛运用创造了良好的现实条件。2014 年,厦门市很多学校已经完成了宽带环境和硬件设备的搭建工作,并将智慧(翻转)课堂的搭建纳入学校的工作计划当中,寄希望于通过打造信息化的智慧(翻转)课堂,解决一部分学生学习上面临的问题。

松柏中学正是在两个"率先"目标的大背景下,主动探索教育信息化之路,并取得了不俗的成绩,让跟郑乐桐有相似情况的"后进生"们,在智慧(翻转)

课堂上找到了突破个人学习困境的"钥匙",开启了一条学习新路径。

同松柏中学一样,双十中学海沧附属学校也是探索教育信息化的众多学校当中的一所。在信息化大背景下,学校积极寻求改变,一方面为响应教育局创建数字化校园、建设智慧型课堂的号召;另一方面为提升学生自主学习能力,进行分层次教学,提升课堂效率,学校开始尝试借助信息化技术来改善课堂教学,打造信息化的智慧(翻转)课堂。

据悉,海沧附属学校在实施智慧(翻转)课堂之初,根据学生的能力发展需要和教师的教学需求,围绕如何让学生提升课前预习和课堂学习效率,借助北京四中网校在线教学平台和"北京四中四叶草云课堂"系统(即课上利用平板电脑进行课堂互动教学),将传统的教学与现代信息化技术相结合,不断尝试适合学校教育改革的方式。在学校的组织下,于2015年10月成立了初一和初二智慧(翻转)课堂试验班,并进行了数学和英语翻转课堂的尝试。

那么,到底什么是智慧(翻转)课堂?它真的是提升学生学习兴趣的"神丹妙药"吗?

"智慧(翻转)课堂的核心理念是流程再造,是师生减负,是高效学习。"苏灿阳的答案看似简单,却包含了非常复杂的程序。

流程再造指的是指智慧(翻转)课堂的流程不再是老师在讲台上一直讲课,而是更多地走下讲台参与到学生的活动中来。老师也不再根据以往的经验来组织一堂课,而是基于学生通过课前信息化任务产生的数据反馈进行再次备课和上课流程的调整,老师通过量化的分析与师生之间的及时反馈,能够对学生"对症下药"。期间,老师扮演着导演的角色,通过课程的环节设计,组织学生通过小组合作等形式解决问题,帮助学生提升能力,而学生变成演员,按照既定的学习目标展开学习。

师生减负是指智慧(翻转)课堂能够通过在线教学平台及四叶草云课堂系统把客观题和一部分主观题快速批改出来,并形成数据报表,从而让老师对学生的知识点掌握情况一目了然。

高效学习指的是老师根据班级学生的情况,提前向学生发布任务,包括根据本节课基础知识点制作的微课,学生根据老师给出的任务单的引导提前预习,也能与小组进行合作讨论,这样很好地解决了学生课前无预习或者预习低效的问题。

总而言之,智慧(翻转)课堂针对传统教育教师教学过程中最核心的七大工作"导、备、教、作、批、分、测",分别面向课前、课中、课后三大应用场景,结合"互联网+"技术,采用"好资源"+"平板"的方案,对教学核心进行科学全面的优化提升,提升效率,减轻负担,突出与学生间的互动,提升学生自主学习的积极性,少教而多学,同时全面优化教学质量。

学习兴趣提升"三部曲"

苏灿阳指出,"智慧(翻转)课堂对帮助学生提升学习兴趣的作用非常大。"

不过,通过智慧(翻转)课堂提升学生的学习兴趣不是一蹴而就的,苏灿阳观察过,学生对学习兴趣的变化一般要经历三个阶段。第一个阶段是新鲜体验阶段。智慧(翻转)课堂是比较新鲜的事物,对于学生而言,信息化工具不陌生,具体的软件操作不是很难。很多学生第一次拿着平板用于学习时,热情度非常高,是带着一种新鲜感来体验智慧(翻转)课堂的,所以这一阶段的学生的积极性是非常高的,配合度也是很好的。

第二阶段是问题反馈阶段。此时,学生开始出现不适应的情况,很多问题浮出水面,比如课前任务、上课小组合作分工不明确等。这时候,学生会不断向老师反馈在学习、上课过程中遇到的问题,老师也能根据学生的具体情况及时作出调整,比如调整上课的具体流程与方式等。这一阶段就是要鼓励学生完成老师推送的课前任务,所以老师推送的微课一定要精彩,任务一定要有吸引力,再配以相应的奖励和鼓励机制,不断地强化,让学生形成习惯,并不断适应这种新的教学模式。

第三阶段是适应稳定阶段。经过前一个阶段的磨合,学生非常熟悉老师发布任务、上课等的规则,能够较好地按照老师课前的任务要求、课上的教学要求去学习。课前学习不再是以怎么完成任务为主,而是考虑要怎样高效完成老师的任务。课堂上,不再是简单地进行小组合作,而是通过明确的任务分工、有效的小组讨论,不断总结成果并积极展示出来。这一阶段,学生的课堂表现会非常好,在基本上熟悉了老师上课的模式之后,更容易很好地完成小组合作、展示、提升、总结等环节,大大提升了整个班级的课堂效率。

其中,课堂小组合作是智慧(翻转)课堂的核心内容之一。传统的课堂基本是老师讲授为主,偶尔会提问学生来进行回答。"而智慧(翻转)课堂把课堂更多地还给学生,老师是导演的身份,通过组织小组合作、讨论等,让所有的学生参与教学活动。"苏灿阳发现,课堂小组合作是学生发生"化学变化"的关键。

初一（2）班的柯朝芳就是一个典型的例子。内向，是很多任课老师过去对她的共同印象。事实也是如此，她过去性格内向，上课几乎不主动发言，对老师提出的问题基本上也不知道如何作答，成绩在班上排名靠后。

苏灿阳每周例行进校跟踪智慧（翻转）课堂进展时发现，柯朝芳几乎每次都能把课前学习任务完成得很好，特别喜欢听老师课前发布的微课。经历了第一阶段的新鲜感、第二阶段的问题反馈，这两个阶段是帮助她熟悉在线教学平台和智慧（翻转）课堂上课方式的阶段。

真正发生转变是在智慧（翻转）课堂实施一个月后。这时，她已经非常熟悉新的学习方式和积分奖励、分小组讨论等课堂方式，使用在线教育平台完成任务的情况也不错。到第三阶段时，她已经能够非常积极地加入老师布置的讨论当中，主动把自己的一些想法与小组进行交流，而这在以前的课堂上是很难看到的。

"相对于没有进行智慧（翻转）课堂之前，她在学习效率和学习积极性方面有非常大的变化！"苏灿阳说。这也是为什么说小组合作是智慧（翻转）课堂的核心环节。通过小组合作，集合集体的力量来解决简单、中等的问题，这样既让不同层次的学生在课堂上有不同的收获，也增强了小组的互助协作能力，无形中提升了整个班级的学习效率。而且，小组合作还引入积分、工作职责分配等，让小组合作实施起来更加容易，也大大刺激了学生的积极性，让那些平时不爱参与和上课开小差的学生也不得不全身心投入进来。

智慧（翻转）课堂通过不同学生身份的确定，让每个学生在课堂上都有要负责的事项，能够关注到每一个学生；通过小组互帮互助、探究式学习等碰撞出智慧的火花，让每个学生都学有所得，这不仅仅是知识的学习过程，更多的是团队协助、任务分配工作等能力的培养和提升，这样的方式极大提升了学生的积极性与参与度，让整个教学环节顺畅进行。

较之传统课堂，智慧（翻转）课堂让更多的学生在课堂上有更多的收获，基础一般的学生完成基础性的任务，而能力强的学生在小组合作中使能力得到进一步的发展。小组合作的运用，很大程度上调动了学生参与课堂的积极性，让学生更愿意举手回答、上台分享小组成果，整个课堂的气氛非常活跃。

"不难发现，智慧（翻转）课堂能够很好激发学生的学习兴趣，让学生更乐于与老师、同学交流，更愿意去分享、展示合作成果。"苏灿阳总结说。

"互联网+"时代，更需要智慧课堂

双十中学海沧附属学校初一年级段长熊老师参与了智慧（翻转）课堂实践的全过程，他亲眼目睹了试验班的学生们的转变，看到很多学生主动站起来跟老师、同学一起分享数学解题的方法与过程，这在以前是很难想象的。尤其是在积分的激励下，课堂上不断有其他小组提出不同的见解，在这样的课堂上，学生在掌握基础知识的同时，提升了举一反三的能力。

智慧（翻转）课堂的尝试让学校在学生自主学习能力和真实课堂教学效果方面得到转变，不仅完善了学生课前预习和课后复习的学习环节，让学生在课前进行引领式学习，提高自主学习能力，而且激发了学生的求知欲和学习积极性，在培养学生团队协作能力的同时，让学生学会学习和思考，激发创新能力和实践能力。

"在'互联网+'的时代背景下，我们需要什么样的教育和课堂？"苏灿阳不间断地跟踪了松柏中学和双十中学海沧附属学校一年来在智慧（翻转）课堂的进展，他评价道："智慧（翻转）课堂转变课堂形式的同时，更加关注学生的全面发展，学习过程的前置大大提升了课堂效率，课上教学方式的改变培养学生高阶能力，培养社会所需要的创新型人才。"

学生学习态度变化案例

传统教学模式下,知识内化的过程被放在课外,学生的疑惑和困难不能及时得到解决,很容易产生挫败感,失去学习动机和成就感。近年来,随着教育信息化的巨大发展,越来越多的学校和班级实现了网络的联通,学生可以随时随地学习,而不必局限在固定的时间和地点。这一变革让传统的教学模式发生了根本的变化,知识传授阶段与知识吸收阶段发生根本调转,由"教—学"变为"自学—助学",让学生可以在家按照自己的节奏和方式学习。这种学习充分尊重了每一个学生的生命成长;同时,在学生走入课堂时,教师有更充足的时间巡视和参与学生小组的点拨与讨论,给予面对面的针对性辅导。

面对教育信息化的发展大潮和课程改革的大势,很多学校看到了"翻转课堂"的巨大优势,他们毫不犹豫地把这一教学模式在学校推广开来。洛阳市新安县产业集聚区实验学校、天津市滨海新区汉沽三中、洛阳市实验中学就是其中的代表。

刚接触新课堂的同学们无所适从,为此,老师不断尝试和探索解决方案。学生不学习,老师就给学生分组,利用小组的归属感和组员的监督机制促使学生学习。学生把控不好时间,老师就严格控制学习任务的数量和层次,让学生既能轻松学习,又能有广泛的讨论空间。学生不爱发言、不善展示,老师就发挥组长的积极带头作用,激发学生的自信心。

不断地重复和训练使学生发生了根本的转变。老师们发现,学生厌学的现象少了,课堂也由平淡沉闷变得激情热烈,学生由被动听课转变为积极参与、精彩展示。课堂呈现出新的生命力,学生自主学习、合作探究、谈吐大方、讲解清晰、自信阳光、团结互助,课堂质疑成为一种新的课堂文化。

给学生一个空间,他们会自己往前走;给学生一个机遇,他们会自己去抓住;给学生一个课题,他们会自己去创造。这正是翻转课堂魅力之所在,是"知识",更是"能力"。在烟台十一中、烟台十四中、烟台十三中、长沙明德华兴中学、大连红旗高中、成都龙泉一中、海南中学、库尔勒三中、洛阳五十九中、赣州厚德外国语学校及北京四中网校厦门分校……我们同样能够清楚地看到这一点。

洛阳市新安县产业集聚区实验学校：翻转课堂给后进生更多呵护

河南省洛阳市新安县产业集聚区实验学校（以下简称实验学校）位于新安县产业集聚区，距离县城2千米，是一所新建农村公办学校，由原铁门三中、铁门四中合并而来。这两所学校原来硬件薄弱（仅有教学楼一栋）、师资紧缺、服务半径大、学生习惯差、家长教育意识淡薄、班额少，教师的教研经验和实践经验也严重不足，课改意识非常淡薄，教学质量年年位居全县23所初中后三名。有能力的家庭都将孩子转入县城就读，学生人数急剧下降（两所学校人数不足500人）。

对于新建的实验学校来讲，当务之急是打造自身的品牌，尽快提升自己的知名度。研究认为，只有课改才有出路，只有创新才有奇迹，进行课程改革刻不容缓。但如何改？负责课改工作的教研主任黄峰伟陷入了无尽的迷茫之中。

踌躇之际，黄峰伟无意中听说有一种"翻转课堂"的模式似乎更对路数。他立刻找到了国内实施翻转课堂最著名的北京四中网校，多次沟通协调之后，将网校的两名优秀教研员请到了学校，为七年级实施每班一周的数学课改示范。除了"请进来"，学校还组织相关领导、学科组长、骨干教师"走出去"，到北京四中、北京56中、山西新绛中学、南阳菊潭学校、新乡长垣一中等课改名校参观学习。

多方学习、研究后，学校确认，学校进行什么名义的课改并不重要，重要的是要能调动学生的学习积极性，而翻转课堂的基本指导思想就是突出学生的主体地位，让学生获得学习主动性和自信心，使学生的学习态度发生根本转变。对于当前情况下的实验学校来说，翻转课堂确实是一剂对症良方。

个性化教学　调皮捣蛋鬼摇身一变成组长

学校迅速组建了课改实验班，黄峰伟本人也担任了课改实验班的一名任课老师。别看黄老师现在侃侃而谈，其实在最初加入实验班的时候，他可是经历了一场激烈的思想斗争。一方面，自己是整体课改的负责人，不亲身实践翻转课堂，就没办法指导课改；另一方面，自己不熟悉网络操作，如果参加翻转课堂的教学，担心会掌控不住，这样不但没改变学生的学习态度，反而耽误学生的学习成绩。

"加入还是不加入？"好几个晚上黄峰伟都辗转难眠。

"人要活到老学到老，如果停止学习，没准儿哪天连孩子都辅导不了，可怎么办？"有一天下班回家的路上，脑海里无意中跳出一句话，让黄峰伟如梦初醒。

对啊，作为工作在一线的教师，如果自己都害怕新事物的话，还怎么改变学生？

黄峰伟没有再犹豫。2015年9月，他顶着压力，加入了实验班教师的行列。

不过，他很快发现，自己对于能否成功改变学生学习态度的疑虑，很大程度上是没有必要的。别看学生过去在传统课堂上那样沉闷，一到网络学习平台上，一个个兴奋异常。

同学A：小伙伴们，微课你们都学完了吗？有什么问题拿出来我们讨论讨论？

同学B：我还有两个方程式不知道怎么解……

同学A：这个方程式以前我们很少接触，确实有些难以理解。你看这么讲是不是说得通？

…………

学生们在这里热火朝天地讨论着，他们以小组为单位，交流着学习体会和学习心得，还不断互相解决难题。

其实每位学生学习微课的情况都不一样，基础好的学生看一遍微课就能掌握全部知识点，基础不好的学生可能看了两遍、三遍甚至四五遍都还没有理解，但他们会通过网络平台向小伙伴们求助。

看到学生们主动学习、相互答疑、热烈交流讨论的火爆场面，黄峰伟大感欣慰。这个过程也为他提供了翔实的数据，让他可以根据数据分析的结果，更加精确地掌握学生的情况，提高备课内容的针对性。

在问题的讨论中，大家不难发现，同学A在小组中的领导地位。没错，他正是这个小组的组长。可他这个小组长可真是来之不易。

一开始，他是个调皮捣蛋鬼。课上，要么老师大声讲，他在一边窃窃私语；要么未经老师允许，大声地接老师话茬。黄峰伟见他这么捣蛋，就故意冷落他，任他说什么都不搭他的话。

一个多月下来，备受冷落的同学A，情绪不再那么亢奋，甚至慢慢变得有些不爱说话。黄峰伟见火候差不多了，就找他谈话，语重心长地对他说："将来你走出校门，走上工作岗位，不管是同事还是领导，如果话没说完，被你抢了先，你觉得会有什么结果？换作是你，你是什么感觉？所以，不管你有什么意见，一定要事先示意，经过允许再发言才是正理。"

同学A这下听进去了，浪子回头，态度一下端正起来，不仅课上遵守课堂规则举手发言，而且个人习惯也变得良好，做事不再东一榔头西一棒子，越来越有条理。在课下，他看微课也非常专注，即便是周末，也会积极复习。同时，他为人热情的个性也没有消失，仍然乐于帮助同学，而且愿意跟同学分享自己学习过程中的快乐。

脱胎换骨的同学A，看起来足以成为全班同学的榜样了，黄峰伟干脆让他当了小组长，希望他在这个位置上"发光发热"，影响带动更多学生端正态度、改变习惯。

优化研讨细节　翻转课堂顺利推进

翻转课堂上，学生们异常活跃的态度，固然产生了较高的学习积极性，但对于任课老师来说，有时也会增加额外的负担。

最初一个星期的教学，黄峰伟用一个字来形容，就是"急"。在线教学平台上，学生做与没做，做错与做对，百分之多少的学生没有掌握这个知识点……情况一目了然，做成PPT在课堂上展示，学生存在的个别问题通过小组讨论组内解决，这个环节黄峰伟计划用10分钟，可真正实施起来，时间却远远不够。学生们一旦开始讨论，总是迅速进入活跃状态，然后如脱缰之马，撒开了就难以收住。

其实，老师要打断这种氛围是很容易的，但黄峰伟非常重视学生这种积极思考、讨论的态度。他明白，对于刚刚从传统课堂转变过来的学生来说，特别是对于实验学校这种层次的学生来说，这种积极的态度是何等难得，又是何等脆弱。在这个阶段，如果突然打断，学生们的积极性必会严重挫伤。但如果不打断他们，既定的教学计划又没办法完成。

黄峰伟尽最大努力，宽容着学生的"放纵"，甚至为此放慢了一部分的教学计划进度。

同时，他也不断寻找着问题的关键。他认真倾听学生们的讨论，渐渐地，他发现，学生们态度很积极，讨论都很投入，但中间的效率却很低。一方面，因为他们所用的语言不够凝练；另一方面，因为他们表达观点时逻辑不清晰，论证往往不够有力，说服力不够，让对方理解起来比较困难，结果讨论起来就是一遍一遍地重复，最后时间就不够用了。

找到了问题的关键，也就知道了如何在保护学生良好态度的前提下，保证教学进度。黄峰伟开始反复教导学生，平日里可以试着用最简单的语言给父母讲讲问题的来龙去脉，看看是不是能表述清楚。所有事情，只有说得清楚，别人才能听得明白。再者，课下小组之间也可以相互讨论，看看怎么样发挥各自优势，小组配合，提升小组解决问题的速度。

经过认真引导，半个多月后，再看实验中学的课堂，学生们的讨论已经变得有模有样。几个转变比较大的学生，就像小演讲家一样，讲起题来条分缕析、一清二楚。小组成员之间，也不再是你一言我一语的七嘴八舌，而是开始学会有体系、打配合，小组长还不时根据组员的表现进行调整，让大家的讨论方向更加清晰明确。此时的课堂讨论是这样的：

同学A：这个问题B同学你比较擅长，你给说说。

同学C：之前我也遇到过类似的问题，我当时是这么解决的。

同学D：问题还可以这么考虑。

………

与此同时，黄峰伟记录好学生每节课的表现，每天下午单独拿出10分钟时间做日点评，总结各个小组情况，给表现好的学生星星，表现好的小组红旗，并在教室黑板报上展示。每周还利用班会时间，给星星、红旗足够多的学生和小组升级。

这种精神奖励确实有效，但时间长了，学生们也会有些懈怠。黄峰伟还有妙招，他给评选出来的优秀合作小组统一拍照，制作版面，张贴在校园月报栏里，让其他同学和家长欣赏。在这种"露脸"的刺激面前，学生们的态度更加端正、认真，都想把自己最积极的一面展示在同学和家长面前。

扬长避短　后进生脱胎换骨

每一位学生学习态度的转变，背后都凝聚着老师的心血与关爱。黄峰伟的学生是如此，另一位翻转课堂班主任张春阳老师的学生也是如此。

朱爱智（化名）同学是开学一个月后转入七年级6班的。之前由于他的身体状况不太好，家长也没对他的学习寄予太多的希望，他们的态度是，只要孩子能把身体养好，其余都是次要的。

朱爱智的身体后来康复了，父母觉得学习还是不能丢。可是长期以来，他的学习基础不太好，平时也没少受同学们的奚落，这些已经对他的心理产生了影响，表现出来，就是内向，胆小，不爱动；常常不交作业，甚至上课睡觉。

了解了朱爱智的具体情况后，张春阳认为，当务之急是先建立孩子的自信心。只有自信心建立起来了，孩子对人、对事、对学习的态度转变了，学习成绩才有可能提上去。为此，张春阳需要找到一个切入点。

经过认真观察，张春阳发现，朱爱智虽然性格内向，学习态度不是很积极，但这孩子有责任心、有担当。可以让他负责一定的事务，在承担责任的过程中，慢慢树立他的自信，培养他的积极态度。

张春阳当即把管理班级用电开关的任务交给了他。果然，朱爱智对此非常上心，时间一天天过去，连续半个多月，他没有一次忘记开关电源。这么良好的表现让张春阳倍感欣慰，专门给他颁发了"最佳责任心奖"。这件事，极大地鼓舞了朱爱智。

张春阳又开始着手在学习上激励他。

"爱智小同学，这个问题你有没有更好的想法？说出来让大家听听。"课堂小组讨论后，到分享环节时，张春阳会尽可能找机会让朱爱智站出来作分享。刚开始，朱爱智不敢说话，即使说话了，声音也很小，但张春阳不仅用各种语言鼓励他，还用眼神示意，告诉他"你一定没问题！"

是的，朱爱智肯定没问题。虽然刚开始他胆怯、茫然，分享也不知所云，但几次下来，他开始敢于说出自己的想法了，并且一次比一次果断，越往后声音也越响亮。

两个月的时间，在老师的精心呵护和培育下，朱爱智脱胎换骨了。现在的他课上小动作少了，听课变得认真，原来不敢举手，现在则会主动参加小组讨论，与其他成员合作、交流，发表自己的意见。

在实验中学，由于学生层次不太高，后进生转化问题一直是校方和老师思考的重要问题。这个问题也成为他们翻转课堂实践的重要内容。后进生思想觉悟的提高、道德行为的养成，一点一滴的进步都离不开老师的关心与呵护，而翻转课堂在教育思想和教学方式上，给老师提供了非常好的平台、环境、方法和工具。对此，无论是学校领导还是黄峰伟、张春阳等老师，都充满了信心。

> 我们要建设怎样的课堂

天津市滨海新区汉沽三中：学生在校学三年　未来管用一辈子

提到汉沽三中，就不得不提它的主体智慧课堂。在这种教学模式下，学生的学习态度发生了巨大的转变。他们没有了以往紧张的情绪，可以侃侃而谈；他们不再特立独行，团队合作意识与责任感与日俱增；他们养成了良好的学习习惯，在笔记本的旁白部分，用不同颜色的笔工整地记录着老师帮助学生拓展的知识点、总结的学习规律和学习技巧。

别看汉沽三中如今的学生这样"懂事"，其实在未进行课改时，他们也跟很多学校的学生一样，视学习为苦差事。

不断进步　开启课改新征程

汉沽三中并不是一所起点很高的学校。1981年重建，2008年搬到由一个小学校区改成的劳动技术中心。当时的条件不可谓不艰苦，18个教学班只有20个教室，操场还是泥土地；在信息化方面，只有三台小推车载着移动多媒体柜子，只有一个用锅炉房改造的多媒体教室。

"贫寒"之中，汉沽三中奋发图强，到2012年拥有了塑胶跑道，2015年搬进了新校区。在这期间，汉沽区的另一所学校茶淀中学并入了汉沽三中。随着学校的合并，汉沽三中的生源也发生了巨大的变化，学生中外来务工子弟和农村学生的比例大幅提升，接近40%。茶淀中学的33位教师也一块儿并了进来。

其实，在当前的时代背景下，并进来茶淀中学这样一所农村学校，对于汉沽三中来说未必是好事。当前，国家正在全面深化改革，社会正在发生巨变；大数据时代已经来临，云课堂、慕课、微视频等正在进入学校……但这些更多发生在城市，广大农村相对慢一步。农村中学的老师和学生的汇入，在一定程度上其实"稀释"或者说拉低了汉沽三中的水平。

校长张健明白，在快速变革的时代，学校发展速度不能放慢。对于目前的汉沽三中来说，要保证发展速度和水平，因循过去的方式是不够的，必须进行课改。

牛顿那句"我看得远是因为我站在巨人的肩上"，时刻萦绕在张健耳边。他非常明白，目前汉沽三中的生源状况和其他兄弟学校相比，没什么优势，要想超前一步，站在巨人的肩上才是捷径。他一直在寻找能够托起汉沽三中的那位巨人。

功夫不负有心人，一个偶然的机会，张健接触了北京四中网校，了解到"翻转课堂"这种全新的教育模式，得知它教学理念先进，能够随着社会发展不断自我调整、不断发展；可操作性强；可以包容每个学生接受能力不一样的现实；视频资源可以反复观看；通过网络平台，不但能反复利用资源，而且可以实现师生互动；强大的教研团队，可以提供教学支持……

张健综合考虑了汉沽三中的实际情况和未来教育发展趋势，决定与北京四中网校合作，并进一步明确思想，要把学生当成具有一定认识与实践能力的智能型的生命体来开展各种教育教学。为了突出"以学生为主体"的指导思想，他给自己将要实施的翻转课堂改了个名字，叫做"主体智慧课堂"。

确定了课改模式，张健立即付诸行动。他在新学期开学前组织了新生家长会，征得家长的认可，由学生自愿加入主体智慧课堂实验班。

"传统课堂学习知识在课堂，主体智慧课堂学习知识在课外，内化知识在课堂。"张健一句话道出了主体智慧课堂的精髓。在这里，也许有人会说，不就是知识吸收单纯前后顺序的转换吗？事情没这么简单。实际上，主体智慧课堂不再单纯依赖授课老师去教授知识，老师更多的责任是去理解学生存在哪些问题。无论是学校还是老师，关注的重心都放在学生身上，塑造学生全新的学习态度是他们投入心血最多的方面之一。在此，仅择其一二述之。

黄奕：当学习的主人

2015年，五班的学生黄奕开启了她的翻转课堂之旅，仅体验了三天，她就喜欢上了这种课堂方式，因为课堂上她有了更多展示自己的机会。

第一次站上讲台讲题的黄奕很紧张，话都说不流利了，一直打磕绊。老师一边认真倾听黄奕的讲述，一边耐心纠正不准确的地方，还不时用鼓励的眼神示意她，让黄奕感觉棒棒的。相比较传统课堂，翻转课堂上的小组互助答疑与展示给黄奕这样的学生提供了更多的展示机会。

自从那次之后，黄奕就感觉自己的胆量大了许多，语言表达能力也提升不少。现在，黄奕再也没有了初始的拘谨和不安，她抢着发言，争取获得老师的积分奖励。因为课代表在课堂上统计每人的得分后，每周要总结表彰的。黄奕的父亲黄建成告诉老师，孩子放学回家经常高兴地说：今天又加星、加旗了！"这几乎成了我家茶余饭后必谈的话题。"他乐呵呵地说。

小组讨论也让黄奕跃跃欲试。以前，黄奕总是一个人学习，没有人监督，也没有什么动力。自从加入小组学习后，黄奕好像变了个人似的，总有使不完的力气、抑制不住的激情。她一直在努力，争取多给小组赚积分。她还不断鼓励和监督其他组员，给小组统筹协调、献计献策，力争让小组的成绩最大化。

黄奕喜欢那种当小老师的感觉。为了能把问题解释得更加透彻，她不论课上还是课下，都认真听讲、认真预习和复习。许多以前不懂的知识，能通过观看微课弄懂的，就反复看；再有弄不太懂的问题，她就记下来，第二天拿出来跟老师和同学们一起探讨，跟大家一起弄个明明白白。

从家长的角度看，孩子的自律性有了明显的提高，每天能主动完成微课任务，为自己的小组加分可谓殚精竭虑，为课上展示交流做准备时那叫一个认真严肃。孩子的变化，黄建成看在眼里，喜在心里。

王文韬：妈妈再也没给我报过补习班

开学仅仅几个星期，妈妈李海菊就发现了王文韬的巨大变化。

王文韬是六班的学生，他的学习基础不是很好。以前，李海菊每天总要盯着孩子预习，但那时王文韬的所谓预习，也只是提前看看书，根本不知道具体要预习什么。现在，老师会在网上留出明确的预习作业，王文韬写完作业之后立马进行预习，有的放矢；简单知识点直接掌握，难点就记下来，第二天请老师重点讲解。王文韬的学习效率有了很大的提高，不再是一头雾水摸不着头脑，学习劲头也就上来了。

细心的李海菊注意到，以前，老师讲过的问题如果王文韬没听懂，就会直接跳过去，再也不理会。但是新学期开学后，总会看见他回过头去，一遍遍反复听那些微课、课件的讲解，直到听明白了为止。

妈妈固然关心王文韬的学习，但她也只是看见孩子的变化，对于孩子的真实感受也没有切身体会。其实，对于王文韬来说，他这段时间以来是真的感受到了学习的快乐，感受到了自信的滋味，这在他过去的学习生活中是从未有过的。有好多次，王文韬在预习时就几乎掌握了所有的知识，这种"无所不知"的感觉让他简直有些上瘾，不知不觉就拿出了更大的劲头去投入学习。

在翻转课堂模式下，老师讲课的时间非常少，大部分时间是让学生讨论和表达。王文韬想比别人表现得更好，想让自己的课堂讨论和分享更加简洁明了。为此，他不仅课上抓住一切机会积极参与、努力表现，课下还时常自己训练。有好几次，李海菊都被他的问题难住："妈妈，你说我怎么表达同学们既能一下子明白，又觉得我说的很权威呢？""这个成语有什么典故吗？""这道题还有别的解题方法吗？我想给同学们不一样的答案。"

看到孩子变得这么积极主动，李海菊非常高兴。王文韬也知道妈妈很高兴，因为妈妈再也没给他报过补习班。对于他来说，不用上补习班，自然是大好事，更好的是，如此一来他就有了大量的时间，可以去做些自己感兴趣的事情。

张健一直在默默关注自己的学生们。如黄奕、王文韬这样的学生，张健看见了很多，这些学生让他更加坚定了自己的判断，即使让老师们多辛苦一点，学校也要坚持采用翻转课堂模式、推进"主体智慧课堂"。他对老师们说："我们要力争做到，学生在校学三年，未来管用一辈子。我们的培养方式，就是要让学生乐学、会学、能学。"

洛阳市实验中学：新模式让"闷油瓶"变成"话匣子"

你能想象一名性格内向，课上不爱发言，课下不按时完成作业的学生，是怎么在一个月内彻底逆转，不仅抢着答题，声音还极其洪亮的吗？答案其实非常简单，就是要对症下药。只不过，这里的"药"不是别的，而是"主体共生课堂"罢了。

课堂翻转实现资源优化配置

主体共生课堂是什么？刚接触这种教学模式的语文老师丁君兰也是一头雾水。校长刘桂宾的一席话让她脑洞大开。"主体"源于哲学领域，是指对客体有认识和实践能力的人。"共生"一词源于生物学领域，是指不同种属生活在一起的状态，后延伸为事物之间互动、合作与相互依存的关系。主体共生课堂教学模式，依靠学生自主学习、同伴合作学习、教师助学、先学后教、以学定教，突出学生在学习中的主体地位。具体来说，课前一两天教师将学生学习任务单和资源（导学案、微课、参考网址、PPT 等）传送给学生，学生在家利用教师提供的学习资源，参照学习任务单，完成对知识的学习，同时及时将学习成果和困惑通过网络平台反馈给教师；课上教师依据学生的反馈，有的放矢地组织科学实验和讨论，教师在教室巡回，回答问题，引导学生探讨更深的内容，并为需要帮助的学生提供个性化指导，从而构建"学生晚上在家学习新知识，白天在教室完成质疑解惑与知识内化"的教学结构，即由教—学，变为学—教。

教学模式的改变，让学生可以在家按照自己的节奏和方式学习。比如微课程视频，基础好的学生观看一遍就可以掌握新的学习内容，基础薄弱一点的学生则可以一遍又一遍地倒回去观看视频，直至较好地掌握。这种学习充分尊重了每一个学生的生命成长；同时，在学生走入课堂时，教师有更充足的时间巡视和参与学习小组的点拨和讨论，给予面对面的针对性辅导，这种建立在学生拥有知识基础上的讨论和小组活动更能激发学生参与学习的活力。

在丁老师看来，这种翻转教学解决了传统教学的弊端。传统教学只注重学习过程的信息传递，却忽略了知识的吸收内化，结果本应用于师生互动、同伴协作和交流的课堂，常常被教师一个人占用来做知识传授。但很多事实证明，由于群体教学和个体差异的矛盾，使得"在课堂时间传递知识"注定是一种有缺陷的方法。

不同的人掌握同一学习内容所需要的时间不同。亚里士多德曾经说过，最大的不平等就是把不同的学生同等看待。班级授课制采取了"最大的不平等"而又貌似平等的方法，所以传统教学模式不可避免地会导致学困生或后进生难以"脱困"，因为他们没有得到自己建构新知识所必需的学习时间。

主体共生课堂好处如此多，刘桂宾校长当即便开始着手布置在学校推广的相关事宜。那是2014年的暑假，他安排全校老师通过网络学习平台学习翻转课堂教学模式。那个暑假老师们在网上学习、参加测评，在微信上晒成绩、畅聊学习心得，学得不亦乐乎。刘校长身先士卒，每天晒一晒自己学习某章节的测评成绩，在学校的微信群里分享自己的学习心得，一有空就和大家一起侃侃自己在学习过程中的收获和进步……

学校还成立了主体共生课堂实践的指导团队、教研团队、师资团队和技术团队等，全力做好课改相关工作。由教师发展中心的主管校长、各校区教学的副校长带队，开始理论实践的探索。期间，学校多次组织一线教师外出听课，开展实战观摩。一次次外出学习，如同推开了一扇扇窗子，让所有教师的眼前豁然开朗。

白手起家不如借力发展，这是刘桂宾的一贯主张。新的课改模式下，网络平台的广泛运用必不可少，如何快速建立完善的课改服务网络平台？洛阳市实验中学选择了和北京四中网校洛阳分校深度合作。北京四中网校的教学资源丰富，教研制度完善，网络平台成熟，这些都为学校的课改提供了很大帮助。由北京四中网校主导的一次次培训与师生体验，拓展了师生的视野，坚定了大家课改的决心。

新课改遭遇学生抵制

紧张充实的学习过程让丁老师跃跃欲试，她不止一次地设想，新的教学模式下，学生会是什么样的反应？实践证明，她再多的设想也抵不过一个月的授课来得详细。这其中，与学生的"斗争"自不必说，更重要的是她看到了学生的成长与进步。

初始，学生的学习积极性不高，对发送的学习任务单根本不重视，微课程视频也不认真看，至于练习题和学习反馈就更难执行。北京四中网校教研员建议：小组鼓励和监督的方式或许会更有成效。于是，丁老师根据全班同学的情况把他们分成了6组。每个小组有男同学也有女同学，有性格内向的也有性格外向的，有语文成绩突出的也有数学成绩、英语成绩各有所长的。每个小组还被分别冠以仁、义、礼、智、信、诚的名号，以使中华民族传统文化价值观得以渗透。

"文迪，老师发送的学习任务单你收到了吗？看得怎么样？"到了关键时刻，小组长开始调查自己组员们的学习进度。学习任务单是丁老师设计的帮助学生在课前明确自主学习内容、目标和方法，并提供相应学习资源的学习资料。它包括学习指南、学习任务、问题设计、建构性的学习资源、学习测试、学习档案和学习反思等内容。"只有让每个学生按照自己的步骤学习，才能取得自主学习的实效。"丁老师认为。

"我还没有来得及看。"王文迪压根就没看，可面对小组长的监督，他怎么也说不出口。

"文迪，你得抓紧学啊，我们小组是一个整体，你要是跟不上进度的话，咱们小组可就被别的组落下了。"小组长不时鼓励。

"好的，组长，我这就学习，放心，我肯定不给小组拖后腿。"

有了小组的监督和鼓励，加上老师的学习任务单，王文迪便有了强烈的归属感和明确的目标。为了能在小组中胜出，他不断地努力着。由于个人基础不是很好，看了一遍微课程视频，他完全不解，接着又看第二遍、第三遍，仍然不甚明了。

"组长，这个比喻的修辞手法我不是很明白。"王文迪不得已，只好向小组求助。这对于他来讲，已经很不容易。能学习、发现问题就已经有很大进步，要放在以前，他是连课后作业都不看的，何来问题可言。

"同学 A，你不是对这个研究颇深吗，要不你来说说?"小组长不断调动组员的积极性。

"其实这个就是……"

王文迪的卧室里，显示器不断地被刷屏。小组成员就一些个性问题热烈地讨论着。看到组里的成员畅所欲言，王文迪蠢蠢欲动，但由于性格比较内向，从来都很少发言。

"文迪，之前我听你说过你曾经研究过这方面的问题，要不你发表一下意见?"不容王文迪多想，组长已经开始点名了。再无退路的王文迪只能硬着头皮敲击着键盘，动作还很不熟练。

"文迪，你说得这么好，为什么平时不多说一些呢，让我们也多学习学习。"看到王文迪的回复，小组长不忘赞叹。

在课下，小组成员不时给王文迪提问和回答问题的机会。在课上，小组成员更是积极。有一次在老师提问的时候，话音还没落，老师就看到王文迪的手已经高高举起。"平时不说话，也不爱回答问题的文迪，这次怎么这么积极?"丁老师还在纳闷，定睛一看，原来是小组成员硬拉着他的手举起来的。看到王文迪那怯懦的眼神和一脸不自信的神情，丁老师非常耐心地鼓励他："文迪，你想想课前学习的那些知识，根据你的理解，和我们分享一下?"

"刺猬的身体如同一个长满钢针的小圆球。"

"夜空的星星就像无数只眼睛似的一眨一眨的。"

"春天到了，大地变成了一片绿毯。"

说到用比喻的修辞手法造句，文迪回答的声音虽然很小，但一口气就说出来了三句。

"文迪举的例子非常好，我不仅要给你个人加分，也要给你们小组加分。"丁老师高兴异常。这对于一个性格内向、不爱说话的学生来讲，是多大的一个进步。

这样的训练不断地重复着，丁老师的认识也在不断改变。

"我觉得这个问题应该这样理解会更简洁……"学生回答问题的声音清晰响亮，充满了自信。他不仅想出了问题的解答方案，还从更多的侧面进行解释和补充。这位同学不是别人，就是王文迪。要不是丁老师亲眼见证了文迪的转变，她真的很难想象文迪以前的精神状态。

耐心诱导 后进生自我超越

同样的情况在英语老师于淑雅那里同步上演着。于老师每天都会按规定发给学生三个学习任务，供学生课前学习，课上讨论、测验和展示。刚开始，小组成员之间并不知道怎么配合，现场一片混乱。譬如王文迪他们组的展示环节，只见文迪一会儿拿题板，一会儿讲知识点，一会儿做总结，满讲台跑，忙得不亦乐乎。

看到这混乱的场面，于老师不仅没有发火，还随时临场教习。"大家在做小组展示的时候，一定要做好角色分工，讲求团队协作，更要试着让自己用简明扼要的语言解答问题。"如此反复了一个月，这种局面才得到彻底改变。学生一走上讲台就分别找好自己的位置，谁来拿题板，谁来讲习题，谁来做总结有条不紊，讲解条分缕析、逻辑严谨。

数学老师兼班主任于亚娜说，有的学生家长在主体共生课堂实践之初很担心翻转后的课堂会耽误孩子学习，始终抱有怀疑的态度。但发现新课堂让孩子变得活泼、积极，他们不仅不再质疑，还坚定地支持，主动帮助老师组织引导学生完成学习任务单、进行课堂展示和交流。

一个学期的翻转课堂试行下来，老师们发现，学生厌学的现象少了很多，课堂也由平淡沉闷变得激情热烈，学生由被动听课转变为积极参与、精彩展示，教师由疲惫的讲课者变成睿智的组织引导者，作业本变成了导学案。在公开课的展示活动中，洛阳市实验中学学生的课堂表现让听课者惊叹不已。

同学 A：你知道吗，现在上课反应稍慢一点，回答问题的机会就被别人抢走了，都怪自己预习不够充分！

同学 B：我最喜欢课堂上老师让我们自己讲题的环节，感觉就像小老师一样。我很喜欢这个感觉，我总是要多准备一些秘密武器，这样我这个小老师才更有权威。

同学 C：自己举手的次数多了，回答问题声音越来越大了，我相信自己会做得更好！

同学 D：以前上课回答问题总能惹得全班哈哈大笑，因为讲得太离谱；现在让我起来，你会听到"嗯、嗯"的肯定声音，这就是主体共生课堂带给我的进步。

同学 E：我是一个自控能力较差的人，听老师讲课思绪很容易飞出去，但这样的课堂，老师要听我们说，现在不得不专心啦。

....

跟学生们交流，你能感觉到他们开放、自信的心态。这也印证了：学生在享受学习过程的同时，学习能力得到了显著的提升，而且变得更加自信和开朗，合作意识、团队意识、语言组织能力都得到了极大的提升。这样的变化不仅仅是在课堂上，更多地体现在同学们的生活上和活动中。真正的教育，就应该培养出能思考、会创造的人！洛阳市实验中学正在实践中前进，在课改的路上不断成长！

学生自主学习能力提高案例

《基础教育课程改革纲要（试行）》告诉我们，一堂好课的标准是：教师在教学过程中处理好传授知识与培养能力的关系，注重培养学生的独立性和自主性，引导学生质疑、调查、探究、在实践中学习，促进学生在教师的指导下主动地、富有个性地学习。教师应尊重学生的人格，关注个体差异，满足不同学生的学习需要，创设能引导学生主动参与的教育环境，激发学生学习的积极性，培养学生掌握和运用知识的态度和能力，使每个学生都得到充分的发展。

教育政策一步步深入，各方都在想尽办法提升学生自主学习的能力。但事实上，能达到理想状态的学生很少。现实是，学生经常处于被动学习的状态，课堂上没有训练，课下没有时间实践，等到出问题时大家却责怪学生学习习惯不好、自主能力不强。

长时间以来，为了解决这些问题，国内外采取了很多方法。2000年，美国迈阿密大学教授"经济学入门"课程时就已经出现了翻转课堂的雏形。2007年，美国科罗拉多州Woodland Park High School的化学老师Jonathan Bergmann和Aaron Sams进行了开创性的尝试——以学生在家看视频、听讲解为基础，在课堂上老师主要进行问题辅导，或者对做实验过程中有困难的学生提供帮助，这个模式在美国中小学教育中开始使用并流行起来。

翻转课堂已经不是一个稀有的概念和学习模式，在"互联网+"的风潮下，它已经进入常态化阶段，并渐渐走向成熟。

以北京四中网校的翻转课堂来说，课前学习与课上活动的有机关联，使课前内容和课上活动成为学生自主获取知识的必要支撑，从而改变了传统教育中的"满堂灌"，变"要我学"为"我要学"，变"你应该知道"为"我想知道"。它颠覆了传统教学的结构，改变了老师原有的教学方式。在徐州十三中、烟台十三中、烟台十四中、长沙明德华兴中学、大连红旗高中、成都龙泉一中、海南中学、库尔勒三中、洛阳五十九中、赣州厚德外国语学校、庆阳二中、靖边四中、大连十四中、湘钢二中及北京四中网校天津分校、唐山分校、厦门分校、大连分校、达州分校、苏州分校常熟校区……都可以看到这一现象。

徐州十三中李圣雪："正宗"翻转课堂的魅力

"学讲计划"并未受欢迎

李圣雪觉得，相比翻转课堂，她更喜欢传统课堂。这位来自徐州十三中的初一学生，刚开始参与学校的翻转课堂实验时，心里的想法是这样的。

记者很奇怪，特意问她之后才知道，原来在两年前，也就是她还在小学五年级时，就接触过所在小学另外一种特殊的课堂形式，那种做法来源于徐州市一个叫"学讲计划"的文件。

"学讲计划"与翻转课堂有些相似，最初出现于2014年年初。2013年12月26日，徐州市教育局下发《关于实施〈'学进去　讲出来教学方式'行动计划〉的意见》。该《意见》对"学讲计划"做了详细阐述："课堂上以自主先学、小组讨论、交流展示、质疑拓展、检测反馈、小组反思为主"，教师从原来的课堂主导者转变成"助学"者。

当时在全国很多地方都推行过类似于"学讲计划"的教学模式。不过，徐州是推广力度最大、范围最广的一个地区，2014年年初徐州市所有中小学全部参与其中。

但这个教学模式并没有得到大家的普遍认可。"我们不想让孩子成为小白鼠，万一失败了，责任谁来承担？"一位家长称，欧美国家早年实行了类似的模式，但是那些国家基本都是小班授课，中国现有教育体制并不适合这种教学模式。对学校而言，"完全扭转以往的授课模式，还是有很大的风险，万一失败了，这一届的升学率就无法保证了。"江苏省某高校教授也指出，这种学习模式并非所有学生都能接受，有的学生自学能力强、表达能力突出，会很快适应；相反，自学能力差的学生，可能需要更多的时间去适应，这对他们来说是不公平的。

实施一年多后，徐州一家网站对"学讲计划"进行投票，持反对意见的网友超过90%。

翻转课堂介入　　新模式改变新思维

2015年李圣雪踏进徐州十三中,开始她的初中生活以后,接受了"正宗"的翻转课堂模式教育。新的模式开始改变她的思维。

徐州十三中在当地属于比较优秀的学校,历年来的升学率也比较高,作为初中,升学压力也不像高中那样大。

但圣雪的妈妈坦言,刚开始同意孩子加入翻转课堂班时,还是有一定的心理压力的,从以前的老师讲一下子过渡到学生讲,她担心孩子年龄小,自学能力不足。她认为,小组讨论能让胆大心细的孩子更为突出,让一些内向的孩子更不愿意讨论,导致两极分化。

因此,在孩子的心理辅导方面,作为家长,她付出了很多努力。因为圣雪属于走读生,每天放学回家,圣雪妈妈就先在心理上说服孩子接受这种模式,然后再鼓励她积极参与小组讨论。经过一段时间的调整,圣雪很快适应了这种模式。

在所有的翻转课堂科目中,圣雪说语文、数学、外语占了大半部分。在说到最喜欢哪门科目的翻转时,她毫不犹豫地说是数学。

记者见证了圣雪一节数学翻转课的始末……

借助平台课前学习高效率

19:30　上课前一晚

第二天要学习"一元一次方程解法"。和往常一样,圣雪怀着满满的期待打开电脑,登录北京四中网校在线学习平台后,周老师推送的任务就在眼前:一份导学案、一段微课、课前小测。

打开导学案,里面有两个知识点:解一元一次方程一般步骤、解含绝对值的一元一次方程。认真按照导学案要求学习,能够自学的内容在导学案上解答,没有把握的内容用色笔标注。

圣雪认为含有绝对值的方程很有意思,需要分类讨论,心里已经暗暗打算第二天上课时和大家交流。

接着打开了微课,圣雪最喜欢的便是北京四中梁威老师的课程,相比那些枯燥无味的讲课模式,在她看来,梁老师和蔼可亲、讲题细心、全面、生动。圣雪打开微课仔细听了一道有绝对值方程解法的题目。听完讲解后,圣雪信心瞬间爆满，自己的学习成果就快要展示啦。

课前检测阶段到了脑力大比拼的时候。周老师推送的五道题需要在5分钟内完成，此时此刻的圣雪，大脑已经像跑车一样奔驰在赛道上。按时完成！提交答案后竟错了一道，点击加入错题本。

课中积极参与获星星

9:05　课堂马上开始

圣雪为这节课的到来已经期待了一晚上。为什么？老师要表彰了。由于课前完成预习导学案、认真听微课、完成课前小测，5颗星星瞬间在iPad上闪烁。这个星级奖励还是网校平台为了激发大家的积极性特意设立的，说到获得星星，大家可都是很踊跃的。此时此刻，圣雪在为自己暗暗加油，现在距离班级第一名只差4颗星星了。

抢答环节是大家最喜欢也是竞争最激烈的一个环节。"同学们，谁来讲一下解方程的步骤？马上开始抢答，最先抢到并回答正确的同学可以获得1颗星的奖励哦！"可惜，手慢无，不过没关系，认真听，补充纠错还有机会。圣雪此时举起了手："老师，中间缺少了一个移项。"iPad上瞬间又闪烁了1颗小星星。

分组讨论的环节来了，这个环节容易出现问题。也许是年龄小的原因，经常有调皮捣蛋的同学在干一些与学习无关的事，不过现在这已经不是问题了，老师为每个小组设立了纪律委员的职位，专门维持纪律。

每个小组讨论解题步骤的具体做法和注意事项，限时10分钟，解决不了的问题可以举手问老师，最先完成并用iPad拍照上传到投影仪上的小组可以每人获得2颗星星。本来很活跃的气氛立即变得紧张起来。经过一番讨论和咨询后，投影上出现了圣雪所在组整理的步骤，2颗星星闪烁了起来。

问题虽然解决了，但依旧有不完善的地方，此时，其他小组的补充纠错便成为"及时雨"。直到这个时候，大家才明白为什么自己解题时总容易出错，这下可印象深刻了。

如果思路还是有点理不清楚，老师会根据网上统计的学生错题率和讨论时争执比较明显的地方，将解题思路重新梳理一遍。此时可不能忘了拿出色笔，在遗漏的知识点上做好标记，整理成自己的错题本。

不知不觉，已经到了课堂小测的环节，周老师手指一动，往每个人的iPad上推送了5道题目。提交后，投影上显示速度还可以，关键看正确率了。时间到！网校的系统立刻进行了批改，全对的同学有周子凯、孟静文、李圣雪……又是3颗星！

最后的环节到了，那就是总结评价。通过本节课的学习，圣雪掌握了一元一次方程的解法，分别是去分母、去括号、移项、合并同类项、系数化为1，以及每个步骤具体的解法和注意事项。对于复杂的一元一次方程，只需要按照步骤一步一步往下做就可以了，千万不能跳步，否则会非常复杂。

新模式改变学习习惯

9∶40　课程结束了

课堂上是"速度与激情"，课下也是一场反应的比赛。每上完一节课，老师会推送题目来巩固和提高大家的知识技能。这些题目可不简单，而且一点击马上就会开始计时，如果超出了时间限制就会自动提交。

这样一来，既让大家学到了知识，还锻炼了大家的应变能力，一举多得！想象传统课堂，大家昏昏欲睡、吊儿郎当，老师有时也是有心无力，而现在，大家的积极性很高，每天都很充实。

圣雪的妈妈也说，孩子学习习惯的改变最为明显，以前是回家直接做家庭作业，现在是先复习当天所学知识，然后再做家庭作业，接着进行第二天课堂的预习，有条不紊地安排自己的时间，知识掌握得比之前更牢固。

翻转课堂就连做题也会让你全身心地去思考、去享受。当星星累计得越来越多的时候，学习的快乐感也就油然而生了。

圣雪最后表示，她现在已经渐渐习惯这种有趣的学习生活了。

〔本文案例由徐州十三中初一学生李圣雪及其母亲提供〕

第四章 跨越时空的对话

北京四中的"双课堂"读写实践[1]

在"互联网+"时代，教学方式会发生改变，大家准备好了吗？就算没准备好，也要跟着走，因为我们无法超越时代。过去我们常说，老师给学生一杯水，自己得先有一桶水。而在这个互联网的时代，有一桶水也不够了，学生更希望你有一个大海。我们也愿意汇聚涓涓细流以成大海，但是大多数人能力有限，不可能成为大海，那怎么办呢？

办法是有的，比如，这个时代我们都有手机，它是我们的移动终端，我们可以利用它，让它在我们的教学中发挥更好的作用。

我们班最近组织了一次秋游，游览北京黄花城水长城。因为活动过程中有不同的游览路线，同学们要分成六七个小组，但只有我一个老师，没法与每个组都同行，那我该怎么了解动态、保证安全，同时还能跟语文教育相结合呢？我想了个办法：每个小组，每到一个地方，每隔一个小时要给我发短信、微信，要求用最简洁、文学性的语言，汇报行程和大家的心境。语言达到要求的我回复"善"即过关；反之回复"不爽"，收到两个"不爽"，全组回家后要写游记。以这种方式，我就能跟踪他们各组一路的状况，等于我有好几双眼睛同时关注他们。我们班有一个同学因身体原因没能参加秋游，通过这种方式，他能时刻看到同学们的动态。特别美好的是，一个孩子在游览时录下了溪水的声音，与同学们分享。而那位在家的同学自己编了一个组，他发言："伤势好转，在家静养，恬淡闲逸，甚是安详。"我还把这些发到家长圈，与家长们分享。这一年秋季，同学们用这样的方式，一起游览，彼此相伴，让人难以忘怀。

另一个利用互联网和移动终端的活动，是"十一"期间，我选择了七位同学组成"为你读诗"小组，利用荔枝FM软件，与家长相约在家长圈中，每晚9:30向全体同学和家长上传十个朗诵音频。在这个过程中，交流每首诗的朗诵状态、心境以及处理方式。每天晚上听到这些，我们都非常激动；家长们更加激动，各种点赞；孩子们也非常高兴。有一天，我得到了一个意外的收获，一位家长私信我："大学毕业的晚会上，我和先生共同朗诵《我是怎样的爱你》。那个时代我们

---

[1] 本文由北京四中语文教研组组长、语文特级教师刘葵撰写。

都曾经那么爱诗。"我就跟她说您重温一下好不好，好想听你们再读啊。家长说找不到感觉了，等我开开嗓子吧。我说读读就有了，下载FM，加油！

这件事启发我，作为班主任，我可以安排这样一个活动，请爸爸妈妈推荐一首自己当年最爱的爱情诗，由孩子和家长各朗诵一遍，通过互联网和移动终端分享出来。一方面，让孩子充分了解爱的美好，从而对爱有更高的追求；另一方面，对于我们自己而言，既是重温过去，也是相互学习。

人生，就是不断利用身边的工具来开展我们的生活，谁能说语文的教学是与生活割裂开来的呢？就好像一个老师说，该什么时候备课？我什么时候都在备课，因为生活就是你教学的一部分，你关注生活，也带动学生去学会生活，你自然就超越了一杯水、一桶水的层次，而成了学生所期待的大海。在这个意义上，我们的生活就是不断学习的过程，是彼此学习、相互学习、跟同伴学习、跟家长学习、跟自然学习……这就是所谓的"学而不厌，诲人不倦"。

不过，作为老师也常常遇到另一个问题：给学生一杯水，学生不太想拿怎么办？我们怎么把这个"给"变成他主动"拿"？其实这个"拿"不一定是从你这儿拿，他可以有很多渠道和途径。我们的教学应该关注：（1）能不能吸引学生主动去拿，即我们的课程是否有趣。（2）如何在有效性上面做文章。我们期望借助互联网、信息技术的优势来解决传统教学中难以解决的问题，如课堂时间、空间的有效性问题——这个是从老师教的角度去判断的。比如下课铃一响，学生四散，我们就不太可能再进行充分交流了，怎么办？

这个问题源于传统教学的几个有限性：（1）空间的有限性。因为我们的传统教学是在教室里完成的，没有教室就不能汇聚起学生来。（2）学的有限性、参与的有限性。传统课堂结构是线性的、封闭的，一个学生发完言后才能轮到另一个发言，老师设计的互动也只能在一个时间点讨论一个问题；虽然学生可能各有各的兴趣点，但他们只能一个一个来，对他们来说课堂确实是有限的。那么，我们能不能借助互联网和信息技术的优势来解决这个问题？

借助双课堂，我们可以解决一部分问题。双课堂就是虚拟教室＋现实课堂。北京四中2006年第一版双课堂实践是《语文真好》，做了3年，上传了101个论坛，回帖总数4 016篇，假如每个帖子以400～800字为标准来计算，三年当中学生们的写作量很大。现在使用的平台是北京四中网校为我们建设的升级后的第三版，借助这个在线教学平台，所有教学活动包括学生的选修课、成绩录入、我们的游学平台、资源配置……都可以在一个平台上解决，不用来回切换；架构上可以设置栏目、专题、论题、回复、评价五级层级。平台的一般操作也非常简单，老师设立主题帖，版主可以是老师或学生。学生可以个体参与或是小组合作的形式参与回帖交流。以我们的"道元班"为例，有的同学喜欢滑雪，有的喜欢朗诵，有的喜欢诗歌，就单独为他们建立栏目叫"天生我才——实验室"，其中有他们自己主持的小版块。借助这种方式，在学生回帖中进行现实课堂的进一步衍生，实现现实课堂与虚拟课堂的交互、互补，让学生进入这种读写实践。主导原则是：（1）要有趣。网络世界的操作跟课堂讲授不一样，可以吸引更多同学加入，还能跟生活结合在一起。谁说写作必须是一个特别死板的题目去完成？难道不可以用生活中的调动来实现吗？那些被我们循环播放的歌曲、看了又看的电影，可不可以做你生命中的调动？可不可以在这个过程中进行观察与思考？（2）要有几个出发点，即以课文学习为出发点、以专题学习为出发点、以某一语文活动为出发点、以学生的生活感受为出发点。下面，就这几个出发点，我举几个课堂实例。

一、以课文学习为出发点

比如对《将进酒》的学习，在以往的课堂上是单纯由老师讲，现在可以用在线教学平台让学生相互分享。

A 同学在线教学平台的分享：《将进酒》

只有李白才有如此的洒脱，失意之时，有"举酒邀明月，对影成三人"的情思；只有李白有如此的才情和自信，心与形不为金钱所奴役，反而生发出"千金散尽还复来"的豪言壮语。如此豪情，造就了他"曩者游维扬，不逾一年，散金三十余万"（《上安州裴长史书》）；如此豪情，让世间一切凡夫俗子咋舌。

B 同学在线教学平台的分享：《将进酒——燃烧着的自我》

每一个人的心中都存在着几个不同的自我，诗人的心中既有那个"立功、立言"的自我，也有一个饮酒尽欢的自我。

黄河之水不复回，白发之悲终有悔，就像一道车辙印，深深地辗过行进的道路，却终究只是一道车辙印，诗人的生命在日月轮回中几经失落，自我的存在感也受到了打击。

在这被世人冷落的境遇里,另一个自我便越加凸显。这个自我不甘寂寞,这个自我个性彰显,这个自我是狂放不羁的一团烈火。生命不再是一道车辙印,每一刻的时光都要纵情,将燃料都变成可以感知的光芒与热度,莫辜负剩下的时光。"当下"的自我占据了诗人此时的思想意识。

当然,有人问,是否必须使用在线教学平台?答案是否定的。如果老师对文字有非常好的理解,能把文章讲得精彩纷呈,令学生拍案叫绝,那我们可以只是单纯地讲。而如果老师讲得不到位、不自信,或是希望让学生分享自己的感受与体验,甚至相互鉴赏,那就可以利用这个平台。不能因为有了在线教学平台就一定要依赖这个平台,我们应该因势而化,结合具体实际情况。

而当分享展开、诸多信息涌现时,老师该如何加工处理?如何在这个基础上完成教学的推进?如果学生的理解已经非常到位,课堂上就不必讲授,课堂上讲授的应是共同问题,或需要进一步分享的。这样就做了一个很好的前期诊断,让我们找到了教学切入点。

以往老师教学是根据预设与假想,现在有了学生们的分享交流,对学生的情况有了更清晰的把握,课上就能更有针对性地完成了。同样的一句话,在不同人心中引发的共鸣点不一样,我们以移动的角度观察,会发现我们的理解不够丰满。当所有意见汇总后,就丰富了原来的理解。这样进行一篇文章的分享,能帮我们把原先不太明晰的问题加以呈现,并丰满对问题的认识;老师提炼出学生的问题,并总结出"没有绝对的真理、唯一的答案,真理是众多意见的综合"的结论。这比原来老师一个人讲要有意义得多。

这个思路,跟具体课文结合时,还需要老师寻找更合理的切入点,让学生有参与的可能。当我们设置相关问题时,要让各个层次的学生都有介入的话题,要递给他抓手。

在学习《鸿门宴》一文时,为了增加学生的交流,我们就设置了"第一人称鸿门宴的故事"主题,选择《鸿门宴》中的一个主要人物(如项羽、刘邦、张良、樊哙、项庄),从他的角度,用第一人称,让学生重新讲述《鸿门宴》的故事。这种第一人称角度的设计,让不同层次的学生都有参与的可能,这对学生是很好的促进。

二、以专题学习为出发点

语文学习有些是碎片式的,我们不能只强调整篇阅读而否定碎片式阅读的价值;不能将一个概念不加辨析地去判断,要从实际效果去考虑。从专题切入语文教学，可以让学生学得更加系统。对于学生来说，这应是学习常态。

至于专题切入的方式，我们当时是把学生分成不同的小组，学号的尾号相同的在一个组，他们自己设置论题、起组名，并说明起名原因——其实这都是写作。将写作置于这种常态中，能培养学生平时对文字的斟酌与意识。我们当时在教学平台上设置诗歌论题，各小组可以选择各自喜欢的诗人和主题。论题不着急完成，平时慢慢展示就很好，因为学生会带给你惊喜，他们的思考并没有在下课铃响的那一刻停止，很多思考在延续。以某一次课堂有限的时间与空间是无法了解这些的。当我们给他交流平台后，会发现他们彼此间的碰撞是你始料不及的。

关于专题学习当中交流平台的作用，还有一个课堂实例。我们曾经组织学生写关于"看见"的作文，发现学生思路很窄，没有四面八方地打开、调动，写的东西层次很浅。于是把学生带到计算机教室，给他们十分钟，让他们敲出所有想到的关于"看"的词句，并发到教学平台上。孩子们写了很多，但内容都很浮泛，是概念化的。于是让学生相互看别人的帖子，我们相信交流当中会触发细节的表达。之后，再给他们十分钟，输出脑中的联想。果然，第二次的效果就明显不同。这就是借助专题式学习实现的互动互补。

在线教学平台分享的两篇《"看见"十分钟联想》。

（一）

看。

记起了很多不经意间发现的美好。

上课，记着笔记，发现阳光不知什么时候已悄悄爬上桌面。抬头望向窗外，逆光中的绿叶绿得那样，我词穷了……感觉澄清、空明、耀眼之类的词已略显烂俗。那绿像是在流动，马上就要滴下来；叶绽放的光艳，绝不逊色于任何美丽的花朵。

仰卧起坐，做完便躺在垫子上休息。看天。有时，云像棉花糖，不禁想飞到天上尝一口。

时间怎么过得这么快。

云，什么都像，又什么都不像。有时天空中没有云，却像是一张空白的画卷，给我们留了更多的想象空间……

还有深冬校小辅导后学校后门的杨树在夕阳下的背影……

每次看到这些，我的感觉就是：哇，好开心，又赚到了！

(二)

看，是人类感官中最重要的一部分。人往往都是最相信自己的眼睛的，于是诞生了魔术，欺骗人们的眼睛。

当人们每天都在看的时候，灵敏的视觉往往就会变得不太灵敏。很多微小的事物，我们都不会注意。就像校园里的一棵树，一朵花，一束草……

看，也是审美的一种，从不同的角度看事物，也就是以不同的标准去审美，就会得到完全不一样的答案。看的方式，看的角度，对看的结果都有着重要的影响。

我们往往只会看自己认为最重要的部分，却忽视了可能更重要的部分。人只有学会看得更多，才有可能了解事情的真相。

如果一个人不能看，那么在他的想象中，看又会是怎样的？如果有一天，他终于能看了，他又会怎样？

看，更是一种重要的信息接收方式。但是，当看和别的方式结合时，人可能更容易接收信息。那么，看在信息接收中处于什么地位、有什么意义呢？

三、以语文活动为出发点

学生希望有更多参与的机会，对于老师来说，在未来教学中，设计更有效的、吸引学生加入的教学活动应该是最重要的思考点。北京四中拟定了几个活动，借助语文活动，带动学生参与实践，如"身边的陌生人"活动。

A 同学在线教学平台的分享：《身边的陌生人——后记》

回到母校的那一天，刮着大风，看不见的气流掠过，拂动树梢，留下一地晃动的迷离树影。如同成百上千个平常的日子，我们走入校园，校园那端的景色收于眼底，和煦地闪耀微光。

记得那天我们和李老师说明来意以后，李老师笑着捂住了脸："为什么我都沦落成陌生人了？"我们也跟着笑，但是，我慢慢地问自己：为什么是李老师？

想了很久，最后却只是告诉自己，不为什么，只为他是李老师；只为他是那个我们最熟悉的人，而又是那个我们转过身以后，在我们心中变得日渐模糊的影子，一个沉默的守望者。刚开始想要记述李老师的时候，我们想就他对我们的守望展开自己的了解，作为学生对于老师的理解，这大概是最简单而明了的一层。但后来，我发现，远不止于此。因为，守望、温情，都是传承的。李老师和其他所有老师、所有家长、所有爱过我们的人所给我们的，都必定有一部分，来自他们最原始的生命。他们的笑容背后，都一定隐藏着另一个人的，那是我们所不能知道的信念。而他、他们的转交、传承，不是放弃，而是发扬、开花。

我们简单地归纳了一下，分析出来给李老师以温情的三个"人"：他的老师、他的家庭、他的学生。在他人生的不同阶段里，这些人都给了他不同的经历与温暖。但是，还是那句话，不仅止于此。还有很多人、很多事，也都是温情的来源，告诉他：莫怕，莫悔，给予他他所给予我们的每一个笑容、每一刻守望。例如，一个校园中擦身而过的陌生人；例如，路边一朵独自盛放的花儿。但是，别人生命中的风景，我们不能全部看见，毕竟，我们只是彼此的陌生人。还好，通过这次活动，我们还能感受、还能感动，我们也许还不曾足够了解，但是我们会记得曾有那么一段时光，我们坐在阳光底下，抬头仰望，仔细聆听。

活动竟然比我们想象得还要快地结束了，难道我们已不再陌生么？我想也许不是的。最后一次离开的时候，好像记住了许多，又遗忘了许多。所有的学生穿梭于此，我们如同风，来了又走了；角落里那一棵安静的树却一直都在，提醒着我们，还有一些人，守望着、等待着。

B同学在线教学平台的分享：《身边的陌生人——实录》（节选）

这就需要记者们和他们的攀谈、熟悉乃至相互信任，这是一个从形同陌路的陌生人走向知无不言的朋友的艰难历程。在这个历程中，两位记者——老马和小厉都付出了巨大的努力，他们牺牲了大量的休息时间，从运动会第一次采访开始，到近几天活动终于告一段落为止，谁都数不清他们在小卖部的窗外、在凛冽的冬日寒风中站立了多久。在此，向他们致以诚挚的慰问和感激！

采访难，写作更难。我们经历了前后三个不同的版本，才最终使这篇还散发着油墨馨香的《部长的一天》新鲜出炉。从最早我主笔的《永远的部长》，到老马亲自操刀的《子望今朝毕荣发》，再到这篇糅合了前两篇精华，摒弃了前两篇糟粕，又加以打磨加工之后写成的《部长的一天》，这是一场艰苦卓绝但又富有趣味的战役。

"身边的陌生人"活动，高一的同学每年都会参加。这个活动不仅仅是单纯地

我们要建设怎样的课堂

锻炼孩子的写作能力，更多的是通过活动开阔他们的视野、心胸，多一点对他人的体察和了解，锻炼他们与人相处的能力、面对挫折及时调整的能力。它指导学生要有相关的思考：为什么要写他们？他们为什么对我很重要？我将会借助什么方式来了解他们？同时我们也有要求：首先，要提前写出采访提纲，但不能按照提纲提问，因为太死板了。有的同学去采访史铁生，就一个问题接着一个问题进行采访，非常遗憾。其次，要对采访如实进行记录，我们可以从中发现很多经验，可以丰富老师对学生未来的指导，并让老师知道应该在哪些点上进行指导。

活动启动后，学生到虚拟课堂中完成题目的选择、上传；老师在课堂上通过一篇报告带动学生去了解，报告中有小片段也有整篇文章，给学生可操作的模仿对象。活动的设计意图是将课内教学和学生创作有机地结合；发挥学生特长，加强现实的碰撞和沟通；培养学生搜集、整理、加工素材的能力；引导学生关注现实，凝睇人间美丑妍媸。

四、以学生的生活感受为出发点

我们围绕"阅读中还原一个文化现场"的主旨，组织了"假日里的一点'特别'""清明前夕""我的20××"等活动。活动的流程都一样，梳理出来很清晰，执行起来也很轻松：获取材料—整理材料—深度创作—互动互补—修改凝定—评议鼓励。很多活动直到学生毕业几年后仍在继续。

这一系列活动，实际操作也有几条原则：（1）要有效。（2）降低门槛，分出层次，让不同程度的孩子都有参与的可能，让能走的走、能飞的飞、能跑的跑、能爬的你就陪着他爬。（3）分工明确，有序展开。（4）留下加工的痕迹：注明出处，要点是什么；做记号，说明你真正阅读过。

完成这一系列活动，不用网络、不用在线教学平台行不行？可以，但效果不好，没有网络和在线教学平台很多东西都实现不了。班级网络平台的优势是：公平与透明，每一个孩子都有参与的机会和可能；师生共同建设资源并互为资源；给孩子提供个性与选择的可能；让老师课前实现诊断与记录。

更重要的是，网络如实地记录了学生为开展这些读写活动所做的大量案头工作。我们看到了一篇文章由碎片走向完整，并不断趋向完美的全过程。我们使同学们既相互借鉴又规避雷同，交流变得自然而丰富。借助网络平台，激发了学生自由创作的热情。总而言之，这就是一个与文本对话的过程、与同学对话的过程、与老师对话的过程、与自我对话的过程、与自然对话的过程、与社会对话的过程。

语文教学就是需要不断打开，打开感官，打开通向全世界的窗口，打开自己的心灵世界，打开自己的生活范围。一个人关注的范围越大，他的心灵空间就越开阔。这一系列活动的目的就是唤醒生命体验，葆有温情与好奇，让学生在学习中获得成就感，保护学生的学习热情和才气。这也是老师需要做的事情。

总结起来，我们的语文教学，在传统课堂之外还可以做什么？扩大视野，亲近土地，关注与担当。然后，我们就可以在高三上这样的最后一课：孩子们，我们把丰富多彩的三年，把最美好的青春记忆，作为礼物送给了你！

在线教学平台的多样便捷应用

北京四中网校在线教学平台，是学校实现翻转课堂模式的课堂改革的保障，是结合北京四中课改的经验及教学需求研发设计出的辅助课堂教学的教学工具。教师可以组织以学科教学内容为基本单元的教学活动，充分利用信息技术探索翻转课堂等新型教学模式；学校可以根据自身需求开展全面的教学管理、教学资源管理、教学成果展示分享等工作。

北京四中网校在众多合作学校中经过五年多时间的探索实践，其在线教学平台在众多学校中的应用取得了良好的反馈。根据应用的不同层级和不同深度，可以总结归纳为以下七个应用场景。

1.1 教师备课

【问题】
备好课是上好课的重要前提。互联网的开放和共享给我们带来了数量庞大、形式各样的教学资源，但是，教学资源分布广泛、良莠不齐的现实问题也大大增加了老师们挖掘出有用信息的难度，例如：
● 如何快速找到可供参考的教学样例？
● 如何便捷搜集所教知识点的典型例题？
● 如何管理、共享、持续使用千辛万苦找到的精品资源？

【优势】
北京四中网校在线教学平台资源库和在线试题库的体系科学而全面、内容精准而透彻、功能友好而操作简单，成为全国百万教师备课的好帮手。

●名师授课，质量保证；数量众多，类型丰富。1万节精品微课全部由北京四中名师集体研讨后精心录制而成；3万多个教学参考及100万道试题几乎覆盖各学科、年级和教材版本。

●支持多种搜索方式，能够精确筛选并定位所需资源。同时支持按照课程名称和知识点名称进行搜索；多条件定位典型课件和试题。

●一键式收藏，彻底消除资源管理的烦恼。找到自己需要的教学资源后，仅需点击"收藏"按钮，便可在任何需要的时候，信手拈来。

●支持集体备课，形成校本资源。同一学校同一学科教师可将收藏的精选资源、上传的补充资源共享到校内云空间，相互学习、研讨，从而形成校本资源，在新的学期中持续使用。

1.2 学生预习 & 布置作业

【问题】

传统的布置作业的方式，通常是面向全班学生，较少考虑到不同层次学生的差异性，导致有的学生"吃不饱"，有的学生"吃不了"。

传统的作业，学生直接写在纸上，作业形式单一；老师批改、统计作业费时费力；学生的错题难以整理。

【优势】

●北京四中网校在线教学平台资源库中包括精选名校试题150余万道、微课程10 000余节、知识导学1 000余节。

●利用在线教学平台布置作业，能够照顾到学生的群体和个体差异，将文本、图片、音频、视频、动画等多种媒体形式的优质资源推送给不同的组，学生完成作业的过程和数据能够被记录。

●作业批改和统计分析自动、精确，能够及时地将作业的批改结果以可视化的图表形式反馈给学生，做错的作业自动加入错题本，强化学生的学习。

1.3 组织测试

【问题】

●好题难寻，排版难做。

● 学生在家限时训练无法监控，学习过程无法跟踪。
● 试卷批改耗时耗力，课上核对答案耽误时间。
● 统计学生答卷情况费时费力。
● 学生错题整理不规范。

【优势】
● 精选历年中、高考试题和名校试题 150 余万道，系统一键组卷，支持在线测试和下载打印。
● 跟踪记录学生的学习全过程。
● 学生检测完成后智能评卷，检测结果即时反馈，答案解析一目了然。
● 对学生答卷情况、检测成绩进行客观全面的统计和分析。
● 学生错题自动加入错题本，方便复习。

1.4 开展教学活动

【问题】

在组织教学活动过程中，会遇到很多的问题：朗诵大赛，耗时太长，参赛人员少，如何能够耗时短且让更多的学生参与呢？如何了解班级其他同学的作文写作和老师评价呢？

【优势】

朗诵大赛，实现了耗时短，且所有学生都可以参加，也不用再为朗诵的背景音乐切换而头疼。作文评比可以不受时空限制，实现生生、师生交流，给所有学生自由讨论发言的空间。

1.5 组织在线教学

【问题】

相信所有老师都会在教学中遇到这样的问题：
● 暴雪、雾霾等恶劣天气，如何保证"停课不停学"？
● 在中考、高考前期或者寒暑假的时候，老师如何给学生进行课外补课或在线答疑？
● 在日常教学中如何对学生培优补差，进行个性化指导？

【优势】
- 不受时间限制，随时建立课程。远程教学借助于直播平台，老师可以在暴雪、雾霾等恶劣的天气，和学生进行实时的上课互动，还可以在中考、高考以及寒暑假的时候给学生进行课外补课、在线答疑。
- 教学过程多样化。可以实时传输视频、音频和文字等多媒体信息，并能对这些信息进行有效的控制处理，实现网上信息传递和信息资源共享，从而优化课堂教学过程。
- 实时互动答疑。在授课过程中，教师可以随机对学生进行点名统计，保证学生的听课效率，师生之间可以随时随地互动交流。
- 授课群体多元化。同一教师不仅可以给自己所教的1~3个班级同时授课，还可以给全国各地的学子授课。

1.6 举办特色主题班会

【问题】
- 您想召开一次学生都感兴趣的班会吗？
- 您还在为班会上学生沉默寡言而苦恼吗？
- 您想了解每个学生的真实想法吗？
- 您想知道班会对学生的后续影响吗？

【优势】
北京四中网校在线教学平台可以帮助您成功召开各种类型的主题班会：
- 利用网络平台设置主题，学生投票，了解学生当下的关注点及喜好。
- 创设情境，明确要求。学生在网络平台上事先表达观点，班会课上畅所欲言。
- 班会课后，学生在网络平台书写心得，师生评价，生生互评，相互影响。
- 班会全过程永久保存，给学生留下一份宝贵的记忆。

1.7 开设选修课

【问题】
- 多个班级的学生聚在一起学习，作业难收齐。

- 组织学习活动不能全员通知到。
- 备同一节课重复寻找资源。
- 建设校本资源库缺少系统的留存资源和课程数据。

【优势】

- 灵活调配学生信息，轻松组班。可将原有的学生信息调配至新建的教学班级中，老师可向自己选修班的学生传达教学信息、布置作业等，还可以对学生进行分组管理。
- 校内共享可将课程沿用。选择将自己的课程进行校内共享，该课程里的资源可供校内其他教师使用，也可供自己使用。
- 任务驱动，数据实时反馈。老师可向整个班级或小组布置学习任务，用任务驱动的形式引导学生学习，学生学习痕迹化，老师可实时查看数据反馈。
- 资源管理，建立校本资源库。可随时对资源进行查找、统计，教师的教学资源可以留存，课程内数据成为学生成长的记录。

后　记

中国的教育因我们而改变

　　有一次，我出席了在北大图书馆报告厅举办的"人文教育与人才培养"校长论坛。其中，北京某著名中学陈校长的一席话给我的触动很大。

　　作为和北京四中拥有同样悠久历史的百年老校，这所中学正在筹办一个人文实验班，万事俱备，想给这个班起个富有深意的名字。他们想用一位德高望重的科学院院士来命名，但这位院士已故去。陈校长带领导班子来到这位院士的家里，恳请其夫人满足他们的这个愿望，该说的好话全都说了。院士夫人平静地对陈校长说："很感谢大家还能记得我那已故的丈夫，和他一样，我也希望在有生之年为我们的国家，为我们的社会多做点事情。但今天还是不能答应你的恳求，原因是我对你们现在的教育太失望了。"

　　当时，陈校长讲得很动情。我听着也很震惊。我认为，无论是传统教育还是互联网教育、在线教育，我们每一个从业者，要立有这样一个志向：我们有责任去改变中国的教育。

　　这便是我们的教育情怀。

　　2010年7月颁布的《国家中长期教育改革和发展规划纲要》中首次提出："信息技术对教育发展具有革命性的影响，必须予以高度重视。"2012年，教育部印发的《教育信息化十年发展规划》中明确指出："我国将以教育信息化带动教育现代化，从而促进教育的创新和变革，促进教育公平，提高教育质量。"

　　由此看来，作为北京四中的远程教育机构，我们正处在一个新的教改形势下，正处于一个良好的、比以前好得多的发展生态、政策环境之中。这样的改革浪潮来势蓬勃、不可逆转。论其起因，除了社会化进程的需要之外，还在于当今的受教育者，即我们的学生发生了巨大变化。

有学者认为，当今的受教育者，受到新社会、新家庭的影响。随着知识获取渠道和内容的海量增加，打破了原来的师生信息掌握的不对称，其权利意识、尊严意识、幸福意识逐渐觉醒。这种变化一旦发生，他们就不愿像当初我们的学生时代一样，去当明天的工具。一旦学生的权利、尊严、幸福等精神需求被提上议事日程，一旦教育的本质回归到由内至外的"引发和培养"，那些由外至内的"灌输和塑造"的效能就会越来越低，那些"听话、服从、勤奋、刻苦"等原本的高频常用词，在学生面前就变得不再灵光、没有市场了。

难怪，现在有教了十几年、几十年，送走了 N 轮毕业生的老师，有些人面对现在的学生玩不转了。教育思想的僵化落后和教学技艺的老化陈旧，让教育效果大打折扣。就此说，我们的教育改革是符合自然事物发展规律的，我们的教育必须改革，我们的改革必须探寻新的起点，必须采用新的方法，使用新的理念。

北京四中网校建校 15 年，在远程基础教育领域，积累有业内最广泛的、覆盖全国近 90％地区的线下推广服务体系，以及最大规模的线上线下收费用户群体。发展过程中，其业务模式也在不断变形。

B2B2C，非我们独创，业内应用十分广泛。就 2B 而言，我们没有借"测评""组卷""语音工具"等产品简单介入，而是选择了相对难度最大、进展最慢、见效最难显现的路径，即与体制内学校的高效课堂合作建设。我们所依赖的是，多年养成的全国两百多个地区的、以千所计的中学校际合作关系。形式有翻转课堂、平板电脑教室、双课堂等。具体为教学平台、资源课程、课型模式的三大输出。

平台包括教师在线教学平台、学生自主学习平台；资源包括几百个专题、数千个高清视频、一万多个微课程，每年上千次的直播课堂和校际间远程教研，以及丰富的测评试题和考试组卷；模式包括学校新型课型实施流程、网校提供的专业助教、大数据转化的学情分析等。

为什么要啃这块硬骨头呢？首先，我认为，这里是目前基础教育真正的痛点；同时，此举才能真正为我们的教育者和被教育者带来幸福。

先谈教师。

我们应该清楚，目前基础教育的深化改革，有两大关注点：一是信息技术与教育教学的深度融合；二是考试制度的变化。这两条，最终受益的是我们的学生，最大的压力落在了教师身上。教师将面临前所未有的挑战。实践证明，教师的教育理念革新、教学方法重置、信息素养提升，在推动这项历史性变革的过程中起着决定性作用。如何帮助他们解决这三个问题，就是我们新时期的角色定位所在，是我们目前的业务价值所在。

我们老在讲，要让老师们从"教书匠"变成"教育家"，愿望何等良好。但现实中能引到的外力很小，所处的"生态"很差。北京四中网校与各个学校共建高效课堂的意义，不仅要提升在校教师的信息素养，还有一个高阶目标，那就是为他们从"教书匠"变成"教育家"去铺网路、搭网桥。

再讲到学生。

过去的十多年中，我和北京四中的老师一起到各地助学，去过很多地方。在活动结束后，很多同学和家长表达了对北京四中的向往，他们也希望能和北京四中的同学们一起听课、一起学习。每每看到孩子们期盼的表情，老师的眼中都会饱含激动。但我们深知，这种美好的愿望不可能实现。

但我相信，我们在各地高效课堂建设上的努力，可以重构新型的"教与学"的关系，可以重构新型的"师与生"的关系，可以使得老师的教学热情被唤醒，学生的学习潜力被唤起，可以把成百上千个学校变成北京四中。

北京四中的教育是什么样的？北京四中的课堂是什么样的？刘长铭校长把它总结为"四有"，即有知识、有方法、有生活、有境界。

很神秘吗？追求很高吗？我亲眼所见，按照我们所提供的步序去实践，很多孩子爱上了语文、爱上了物理，我们称之为"学科素养"大大提升。这是多么的难得，这在孩子未来一生的工作、学习、生活当中将是多么的宝贵。不仅如此，以学生为主体、教师为主导的、"自主、合作、探究"的学习方式，新型的课堂、新型的校园，将成为孩子们精神生活的家园和丰富人生的起点。

您期盼过您的孩子通过学校的教育成为精神上的贵族吗？以前可能没有，但以后一定可以有。因为有我们，因为有北京四中网校。

正如书中的案例，如果大家愿意，以后可以在我们分布全国各地数千名"助教"的陪伴下，走进北京四中网校各地合作学校的课堂，去考察我们的课改实验班，去聆听孩子们的欢悦，去感受那份学生们乐学、爱学的心动。这样的课堂，我们在全国数以千计。随着"北京四中数字校园合作学校"规模的不断扩大，这样的课堂，在全国将数以万计。

　　有人说，几大网络门户的出现，改变了人们获取信息的途径；有了淘宝，人们的购物方式发生了变化；有了优酷土豆、爱奇艺，人们观影看剧的习惯发生了变化。那我想问，作为"互联网＋"时代的教育工作者，我们呢？什么人因我们而变？这是否应该成为我们从业的追求？

　　让中国的教育因我们而改变！我们将不辱使命！

高　钧

图书在版编目（CIP）数据

我们要建设怎样的课堂/高钧主编. —北京：中国人民大学出版社，2016.7
ISBN 978-7-300-22994-2

Ⅰ.①我… Ⅱ.①高… Ⅲ.①课堂教学-教学研究-中学 Ⅳ.①G632.421

中国版本图书馆 CIP 数据核字（2016）第 140275 号

我们要建设怎样的课堂
高　钧　主编
Women Yao Jianshe Zenyang de Ketang

出版发行	中国人民大学出版社			
社　　址	北京中关村大街 31 号	邮政编码	100080	
电　　话	010-62511242（总编室）	010-62511770（质管部）		
	010-82501766（邮购部）	010-62514148（门市部）		
	010-62515195（发行公司）	010-62515275（盗版举报）		
网　　址	http://www.crup.com.cn			
经　　销	新华书店			
印　　刷	天津中印联印务有限公司			
规　　格	170 mm×228 mm　16 开本	版　次	2016 年 7 月第 1 版	
印　　张	10.75	印　次	2023 年 3 月第 2 次印刷	
字　　数	180 000	定　价	50.00 元	

版权所有　　侵权必究　　印装差错　　负责调换